EX LIBRIS DONALD
LINDSAY GALBREATH

Mon cher confrère, étant absent de Paris,
je ne puis, à mon grand regret, vous envoyer
la livraison que vous me demandez. Vous

PHILIPPE DE BOSREDON

n'auriez qu'à vous adresser à M. Villefosse,
puisque la Société reçoit le Bull. de Mines.
Je connaissais la brochure Maleville, ma...

Rue Verte,   Saint-Cloud

je ne vous en remercie pas moins de me
l'avoir signalée.

Je vous enverrai d'autant plus volontiers
l'épreuve de votre l'article bibliographique
vous concernant, que j'en avais déjà
l'intention. Mais ce ne sera pas avant trois,
mais au moins.   Votre dévoué ...

SIGILLOGRAPHIE

DE

L'ANGOUMOIS

TIRAGE A 30 EXEMPLAIRES NUMÉROTÉS

Exemplaire N°XX

SIGILLOGRAPHIE

DE

L'ANGOUMOIS

PAR

Ph. de BOSREDON

Membre de la Société historique et archéologique du Périgord

ET

Joseph MALLAT

Membre de la même Société et du Conseil héraldique de France.

PÉRIGUEUX

IMPRIMERIE DE LA DORDOGNE (Anc. DUPONT & Cⁱᵉ.)

1892

AVANT-PROPOS

M. Joseph Mallat, mon confrère à la Société historique et archéologique du Périgord, a publié en 1880, dans la *Revue de l'Art chrétien* [1], une notice fort intéressante intitulée *Sigillographie ecclésiastique de l'Angoumois*, et donnant la description d'un grand nombre de sceaux provenant des évêques d'Angoulême, des dignitaires ecclésiastiques de l'Angoumois, des abbayes et des abbés ou abbesses de la même province.

Désireux de compléter son œuvre, M. Mallat m'a demandé mon concours pour une publication qui comprendrait, outre les sceaux ecclésiastiques déjà décrits par lui, les sceaux laïques relatifs à l'Angoumois, à savoir les sceaux des comtes, ceux des seigneurs, des sénéchaux, des officiers du comté ou des autres officiers pourvus de charges locales, des cours et juridictions seigneuriales.

J'ai accédé d'autant plus volontiers à la demande de M. Mallat que mes recherches sur les sceaux périgourdins m'avaient fourni l'occasion de recueillir des notes sur ceux des contrées voisines, et particulièrement sur ceux de l'Angoumois. Non seulement les deux provinces étaient limitrophes, mais quelques localités relevaient à la fois des deux : c'est ainsi que la châtellenie de La Tour-Blanche était enclavée dans le Périgord, quoique dépendant de l'Angoumois, que celle de La Rochebeaucourt était assise sur l'un et l'autre territoire, que celle d'Aubeterre se trouvait située dans la sénéchaussée d'Angoulême, alors que l'abbaye était comprise parmi celles du diocèse de Périgueux.

Je me suis donc appliqué à rechercher, soit dans les ouvrages imprimés, soit dans les recueils manuscrits, les sceaux qui pouvaient se rapporter à l'Angoumois, tandis que M. Mallat complétait les investigations déjà faites par lui dans les Archives départementales de la Charente [2].

---

[1] Voir la *Revue de l'Art chrétien*, IIe série, tome XIII. — Tirage à part sous ce titre : *Sigillographie ecclésiastique de l'Angoumois*, par W. Joseph Mallat, Arras, 1880.

[2] Il serait superflu d'énumérer ici les ouvrages imprimés que nous avons consultés : les principaux sont la *Statistique monumentale de la Charente*, de M. l'abbé Michon, l'*Inventaire des sceaux des Archives nationales*, dressé par M. Douet d'Arcq, et l'*Inventaire des sceaux de la collection Clairambault à la Bibliothèque nationale*, publié par mon savant et regretté maître feu M. Demay. Les cotes qui se rapportent à la collection Clairambault, sont celles de l'Inventaire imprimé.

´ Nous n'avons d'ailleurs que de courtes observations à présenter sur le plan de notre recueil et sur son contenu.

Nous devons dire tout d'abord que le titre n'en est pas rigoureusement exact. C'est la Sigillographie du département de la Charente plutôt que celle de l'Angoumois, qu'il faut y chercher. Nous reconnaissons volontiers que cette dernière délimitation eût été plus rationnelle ; qu'il eût été logique de faire concorder la circonscription géographique avec la période historique. Mais, outre que la dénomination d'Angoumois avait autrefois deux acceptions, qu'elle s'appliquait tantôt à l'Angoumois proprement dit, et tantôt à une région plus vaste comprenant l'Aunis et la Saintonge, nous avons reconnu que nous nous heurterions à de nombreuses difficultés en nous astreignant à suivre l'ancienne topographie. En prenant pour base le territoire actuel du département de la Charente, nous avons simplifié nos recherches ; nous simplifions aussi celles du public. Ce sont probablement des considérations analogues qui ont déterminé M. l'abbé Michon à prendre la même base pour sa *Statistique monumentale*.

Nous avons cru devoir limiter notre recueil à la fin du xvi° siècle. Nous étions même disposés tout d'abord à nous arrêter à la fin du moyen-âge ; mais nous aurions par là même exclu une période qui a laissé dans les dépôts publics un grand nombre de sceaux, dont la plupart sont intéressants au point de vue historique, et, au point de vue artistique, fort remarquables. Les écus penchés qui furent en usage au xv° et au xvi° siècle, les cimiers et les supports si élégants et si variés qui les accompagnent, donnent une haute idée de l'imagination féconde ainsi que de l'habileté des graveurs de l'époque.

Parmi les sceaux les plus dignes d'attention, nous signalerons ceux des comtes d'Angoulême de la maison de Lusignan. Par leur dimension comme par leur style, ils constituent de véritables monuments sigillographiques. Les détails qu'ils fournissent sur le vêtement, sur l'armure, sur l'équipement de guerre ou de chasse, sont de curieux sujets d'étude. C'est ce qu'on pourra apprécier en examinant les planches données par M. l'abbé Michon, bien que le mode de reproduction des sceaux adopté dans son ouvrage laisse, à notre avis, beaucoup à désirer.

Les sceaux ecclésiastiques représentant les évêques et les abbés dans des niches gothiques qui prennent souvent les proportions d'un petit édifice avec fronton, logettes latérales, pinacles, colonnettes, etc., sont aussi fort remarquables. On croirait voir quelquefois une cathédrale en miniature. La *Sigillographie ecclésiastique de l'Angoumois* en contient quelques spécimens. J'aurais été heureux, pour ma part, d'en publier la série complète, et mon collaborateur M. Joseph Mallat me permettra de dire que son habile crayon eût été d'un grand secours ; mais nous avons été arrêtés l'un et l'autre par la difficulté de réunir les dessins ou les moulages de sceaux dispersés dans des collections très diverses, les unes à Paris, les autres en province. Nous regrettons de ne pouvoir enrichir notre ouvrage de ces reproductions figurées qui ont tant d'attrait, et auxquelles les meilleures descriptions ne sauraient suppléer : *segnius irritant animos.*

PH. DE BOSREDON.

PREMIÈRE PARTIE

———

SCEAUX LAÏQUES

I^{RE} Série. — COMTES ET DUCS D'ANGOULÊME [1]

§ Ier — COMTES D'ANGOULÊME (DYNASTIE DE TAILLEFER)

N° **1**

AIMAR [2],

COMTE D'ANGOULÊME.

1199.

Rond, 70^{mm} environ. — Traité d'alliance entre le comte et le roi Philippe-Auguste (Anet, avril 1199).

Légende. — .... COMITIS ENGVOLIM.....

([Sigillum]..., comitis Enguolismensis).

Dessin. — Sceau équestre. L'inventaire de Dupuy porte à propos de ce sceau : « Il y a un homme à cheval qui tue un lion », ce qu'on n'y distingue plus.

Contre-Sceau.

Rond.

Légende. — SECRETVM COMIT...

(Secretum comitis ...).

Dessin. — Ecu losangé (d'or et de gueules).

(Archives nationales. *Inventaire Douët d'Arcq*, n° 833. — Voir la *Statistique monumentale de la Charente*, par l'abbé Michon, p. 70 et pl. I, fig. 1 et 2).

---

[1] Cette série comprend les sceaux des comtes et ducs d'Angoulême (jusqu'à la fin du XVIe siècle), et ceux des comtesses et duchesses qui portèrent ce titre, soit comme épouses du comte ou du duc, soit en vertu de leur droit propre. On trouvera dans la série des SEIGNEURS (articles *Lusignan, Taillefer* et *Valence*) les sceaux de ceux de leurs descendants qui ne furent pas appelés à hériter du comté ou du duché.

Voir les Appendices n° I et n° II.

[2] Fils de Guillaume IV, comte d'Angoulême, et de... ; comte d'Angoulême en 1180 ; marié à Alix de Courtenay ; mort en 1217.

N° **2**   ISABELLE [1] ,

COMTESSE D'ANGOULÊME.

1226.

Ogival, 100ᵐᵐ sur 65. — Charte par laquelle *Isabellis, Dei gracia regina Anglie, comitissa Marche et Engolismensis*, tient le roi de France quitte de tout ce qu'elle pourrait réclamer de lui pour son douaire (mars 1226).

Légende. — YSABEL DI GR... REGIN ANGLIE DN.. ..ERNIE

(Ysabel, Dei gracia regina Anglie, domina Hibernie).

Dessin. — La dame debout, vue de face, en robe et manteau, couronnée et coiffée en cheveux retombant en boucles le long des joues, tenant à la main droite une fleur et à la gauche un oiseau.

Revers.

Légende. — ... ABEL DVCISSA NORM... OR' AQ..M .. ANDEGAVOR...

(Ysabel, ducissa Normannorum, Aquitanorum [et] Andegavorum).

Dessin. — Même représentation, mais sans la couronne et avec l'oiseau de la main gauche perché sur une croix.

(Archives nationales. *Inventaire Douët d'Arcq*, n° 10,010. — Michon, p. 74 et pl. I, fig. 3 et 4).

---

§ II. — COMTES D'ANGOULÊME (DYNASTIE DE LUSIGNAN)

N° **3**   HUGUES X [2] ,

COMTE D'ANGOULÊME.

1224.

Rond, 78ᵐᵐ. — Charte de 1224.

Légende. — † SIGILL' : HVGONIS : DE : LEZINIACO : COMITIS : ENGOLISME :

(Sigillum Hugonis de Leziniaco, comitis Engolisme).

Dessin. — Le comte à cheval, en costume de chasse, le cor au cou et tenant à la main un petit chien posé sur la croupe du cheval.

---

(1) Fille d'Aimar Taillefer, comte d'Angoulême, et d'Alix ou Alaïde de Courtenay ; mariée 1° à Jean-sans-Terre, roi d'Angleterre ; 2° en 1217, à Hugues X de Lusignan, comte de La Marche ; morte en 1245.

(2) Fils de Hugues IX de Lusignan, sire de Lusignan, comte de La Marche, et de Mahaut, fille de Wlgrin III Taillefer, comte d'Angoulême ; marié en 1217 à Isabelle Taillefer, comtesse d'Angoulême, fille d'Aymar, comte d'Angoulême, et d'Alix de Courtenay, et veuve de Jean-sans-Terre, roi d'Angleterre ; veuf en 1245 ; mort en 1249. Nous avons adopté l'orthographe usuelle *Lusignan* ; il serait plus conforme aux anciens actes d'écrire *Lésignan*.

Revers.

Légende. — † SIGILL' : HVGONIS : DE : LEZINIACO : COMITIS : MARCHIE :
(Sigillum Hugonis de Leziniaco, comitis Marchie).

Dessin. — Ecu burelé [1]. Le champ à arabesques.

(Archives nationales. *Inventaire Douët d'Arcq*, n° 834. — Michon, p. 74 et pl. II, n°s 5 et 6).

N° **4**   HUGUES XI [2] ,
COMTE D'ANGOULÊME.

1246.

Rond, 55^mm. — Charte par laquelle Hugues le Brun, comte d'Angoulême, et Guy et Geoffroy de Lusignan, ses frères, confirment le traité conclu, en 1242, entre Hugues X de Lusignan, leur père, et le roi saint Louis (Pontoise, juin 1246).

Légende. — ... VGONIS...
(... Hugonis ...)

Dessin. — Sceau équestre. Costume de chasse comme le numéro précédent.
Revers.
Légende. — ... M. HVGON...

S ecretum Hugonis ...).

Dessin. — Ecu burelé de neuf pièces, à six lions rampants faisant l'orle, brochant sur le tout.

(Archives nationales. *Inventaire Douët d'Arcq*, n° 335. — Michon, p. 74.)

N° **5**   LE MÊME.

1248.

Rond, 66^mm environ [3]. — Testament de Hugues X de Lusignan, comte de La Marche (samedi après la saint Sixte [8 août] 1248).

Légende détruite.

Dessin. — Même type que le précédent.

(Archives nationales. *Inventaire Douët d'Arcq*, n° 336).

---

(1) Burelé d'argent et d'azur de dix pièces, qui est de Lusignan.

(2) Hugues XI de Lusignan, dit le Brun, sire de Lusignan, comte de La Marche et d'Angoulême; fils de Hugues X de Lusignan et d'Isabelle d'Angoulême ; comte d'Angoulême en 1245 comme successeur de sa mère ; marié en 1235 à Yolande de Dreux, fille de Pierre de Dreux, dit Mauclerc, et d'Alix comtesse de Bretagne : mort en 1260 (?).

(3) Ce sceau est peut-être le même que celui de 1249 qui est décrit par Michon, p. 75, dans les termes suivants : « Le sceau de 1249 est plus grand ; il est burelé de onze pièces ; il a pour légende : ... VGONIS BRVN... (Traité de paix de Hugues le Brun avec Alphonse de Poitiers, au moment de partir avec lui pour la Terre Sainte) ». — Michon fait remarquer à ce propos que dans les sceaux de 1246 et de 1249, l'écu burelé porte six lions, parce que Hugues X, père de Hugues XI, vivait encore, tandis qu'après la mort de Hugues X, la brisure disparaît et Hugues XI reprend les armes pleines de Lusignan.

N° 6   LE MÊME.
1257.

Rond, 65ᵐᵐ.

Légende. — † S : HVGONIS : DE : LEZIGNE : COMITIS : MARCHIE : ET ENGOLISME.

(Sigillum Hugonis de Lezigne, comitis Marchie et Engolisme).

Dessin. — Le comte à cheval, en costume de chasse. Même type que les précédents.

Contre-Sceau.

Rond.

Légende. — † SECRETVM MEVM.

Dessin. — Ecu burelé.

(Trésor de numismatique. — Michon, p. 74, et pl. II, nᵒˢ 7 et 8.)

N° 7   YOLANDE DE DREUX [1] ,
ÉPOUSE DE HUGUES XI, COMTE DE LA MARCHE
ET D'ANGOULÊME.
1250.

Ogival, 70ᵐᵐ. — Acte de foi et hommage de la comtesse, comme ayant le bail de ses enfants, à Alfonse, comte de Poitiers, pour le comté de La Marche et la baronnie de Lusignan (Saint-Jean d'Aire, 3 juillet 1250).

Légende. — †. S. YOLENDIS : VXORIS : DNI : HVGONIS : .RVN.

(Sigillum Yolendis, uxoris domini Hugonis Bruni).

Dessin. — La comtesse debout, vue de face et tenant un oiseau au poing.

Contre-Sceau.

Légende. — † SECRETVM . DNE . YOLENDIS :

(Secretum domine Yolendis).

Dessin. — Ecu burelé, à cinq lionceaux en orle brochant sur le tout.

(Archives nationales. *Inventaire Douët d'Arcq*, n° 841. — Michon, p. 75 et pl. IV, nᵒˢ 12 et 12 *bis*).

N° 8   HUGUES XII [2] ,
COMTE D'ANGOULÊME.
1257.

Rond, 65ᵐᵐ. — Acte portant promesse de Hugues XII de remettre à Alphonse, comte de Poitiers, son château de Lusignan (Longpont, 22 septembre 1257).

---

(1) Voir p. 5, note 2.

(2) Hugues XII de Lusignan, dit le Brun, comte de La Marche et d'Angoulême ; fils de Hugues XI de Lusignan et de Yolande de Dreux ; comte d'Angoulême en 1260 d'après Nadaud, mais l'acte cité ci-dessus prouve que cette date est inexacte ; marié le 29 janvier 1253 à Jeanne de Fougères, fille de Raoul baron de Fougères et d'Isabeau de Craon ; mort en 1272.

Légende. — † S' IIVGONIS : DE : LEZIGNE : COMITIS : MARCHIE : ET : ENGOLISME
(Sigillum Hugonis de Lezigne, comitis Marchie et Engolisme).

Dessin. — Sceau équestre. Costume de chasse.

Contre-Sceau.

Légende. — † SECRETVM MEVM

Dessin. — Ecu burelé.

(Archives nationales. *Inventaire Douët d'Arcq*, n° 842. — Michon, p. 75, et pl. III, n° 11).

N° **9** LE MÊME.

1269.

Rond, 72^mm. — Testament du 1er février 1269.

Légende. — S' HVGONIS DE LEZI . .. CHIE
(Sigillum Hugonis de Leziniaco, [comitis] Marchie).

Dessin. — Sceau équestre. Costume de chasse. Dans le champ, une rose.

Revers.

Légende. — † ET EN... FVLGERIARVM
(Et Engolisme, [domini] Fulgeriarum) .

Dessin. — Ecu burelé. Champ à arabesques.

(Archives nationales. *Inventaire Douët d'Arcq*, n° 843).

N° **10** HUGUES XIII [1],

COMTE D'ANGOULÊME.

1281.

Rond, 78^mm. — Testament de Guy de Lusignan, sire de Coignac (le jour de la saint Luc [18 octobre] 1281).

Légende. — † S' HVGONIS : BRVN. .. CHIE :
(Sigillum Hugonis Bruni, comitis Marchie).

Dessin. — Sceau équestre. Costume de chasse. Le cavalier tenant un oiseau au poing. Un petit chêne sous le ventre du cheval.

---

[1] Hugues XIII de Lusignan, dit le Brun, comte de La Marche et d'Angoulême, sire de Fougères ; fils de Hugues XII de Lusignan et de Jeanne de Fougères ; marié le 8 juillet 1276 à Béatrix de Bourgogne, fille de Hugon IV, duc de Bourgogne, et de Béatrix de Champagne ; mort en novembre 1303.

Revers.

Légende. — † ET ENGOLIS... LEZINIACI
(Et Engolisme, domini Leziniaci).

Dessin. — Dans une rosace, un écu burelé.
(Archives nationales. *Inventaire Douët d'Arcq*, n° 844. — Michon, p. 76 et pl. IV, fig. 16).

N° **11**   LE MÊME [1].

1303.

Rond, 33ᵐᵐ. — Ordonnance de Philippe le Bel sur les aides (Château-Thierry, le samedi après la saint Remi 1303).

Légende. — † S' H LE BRVN COTE DE LA MARCHE
(Seel Hugues le Brun, comte de La Marche).

Dessin. — Dans un encadrement gothique au milieu duquel est un losange, un écu burelé de sept pièces. La légende est inscrite dans le losange.
(Archives nationales. *Inventaire Douët d'Arcq*, n° 815. — Michon, p. 76 et pl. IV, n° 16 *bis*).

N° **12**   GUY [2],

COMTE D'ANGOULÊME.

1304.

Rond, 80ᵐᵐ (3). — Testament (au camp devant Lille, mardi avant la saint Michel [24 septembre] 1304).

Légende. — † S' GVIDONIS : DE : LEZI...ACO : CO...IE
(Sigillum Guidonis de Leziniaco, comitis Marchie).

Dessin. — Sceau équestre. Costume de chasse. Le cavalier tenant un oiseau au poing.

Revers.

Légende. — † ET. E... ET. DOMINI. LEZINIACI
(Et Engolisme, et domini Leziniaci).

Dessin. — Dans une rosace, un écu burelé (Lusignan) entouré de fougères.
(Archives nationales. *Inventaire Douët d'Arcq*, n° 847. — Michon, p. 76, et pl. V, nᵒˢ 19 et 20).

---

(1) Nous croyons devoir reproduire ce sceau, bien que la qualité de comte d'Angoulême n'y soit pas mentionnée.

(2) *Alias* Guyard et Guyart, second fils de Hugues XII de Lusignan et de Jeanne de Fougères ; comte de La Marche et d'Angoulême dès 1301 ; vivait encore le 4 juin 1309 ; mort sans alliance.

(3) Ce sceau et le précédent ont entre eux une très grande ressemblance ; toutefois ils ne proviennent pas du même burin : les mots sont séparés par des astérisques sur celui de 1303 et par de doubles points sur celui de 1304. (Voir Michon, *loc. cit.*)

N° **13**   LE MÊME.

1308.

Rond, 78^{mm}. — Procuration du comte pour les Etats-Généraux de 1308 (jeudi jour de la saint Marc [25 avril] 1308).

Légende. — † S'. GVI...E. LEZINIACO. COMITIS. MARCHIE

(Sigillum Guidonis de Leziniaco, comitis Marchie).

Dessin. — Sceau équestre. Costume de chasse, le cavalier tenant un oiseau au poing. Sous le cheval, un arbre.

Revers.

Légende. — † ET. ENGOLIS... ET. DOMINI. DE. L...ACO

(Et Engolisme, et domini de Leziniaco).

Dessin. — Dans une rosace, un écu burelé (Lusignan), entouré de fougères.

(Archives nationales. *Inventaire Douët d'Arcq*, n° 848. — Michon, p. 76, et pl. V, n°s 17 et 18).

N° **14**   YOLANDE DE LUSIGNAN [1],

COMTESSE D'ANGOULÊME.

1308.

Ogival, 70^{mm}. — Donation à un particulier (Paris, mars 1308).

Légende. — † S'. YOLENT. DE. LEZINIEN. CTESSE. DE. LA. MARCHE. ET. DENGOLESME. ET. DAME. DE. FOVGIERES

(Seel Yolent de Lezinient, comtesse de La Marche et d'Engolesme et dame de Fougières).

Dessin. — La comtesse debout, vue de face, un manteau vairé et tenant un oiseau au poing. A dextre, un écu burelé (Lusignan) ; à sénestre, un écu portant une fougère.

Contre-Sceau.

Légende. — † CONTRESEEL. YOLLENT. DE. LEZIGNIE.

Dessin. — Un écu portant une fasce.

(Archives nationales. *Inventaire Douët d'Arcq*, n° 846. — Michon, p. 76, et pl. VI, n°s 28 et 29.)

[1] Née le 24 mars 1253, n. st : fille de Hugues XII de Lusignan et de Jeanne de Fougères ; mariée à Renaud de Pons, dit Hélic Rudel, seigneur de Bergerac ; morte le 12 octobre 1314. Elle avait pris le titre de comtesse de La Marche et d'Angoulême, probablement à la mort de Hugues XIII, qui avait exhérédé leur frère Guy (ou Guyart), lequel succéda néanmoins à Hugues XIII.

N° **15** — LA MÊME.

1308.

Ogival, 50^{mm} de haut. — Accord entre le roi et « ma dame Yoland de La Marche, suer ainznée du comte de La Marche, mort », touchant les châteaux de Cognac et de Merpins (samedi avant les Brandons [9 mars] 1308).

Légende. — † S. YOLENDI. DE....

(Sigillum Yolendis de [Leziniaco]...)

Dessin. — Dame debout, la main droite à l'attache du manteau, et tenant sur le poing gauche un oiseau de vol très caractérisé. La dame porte sur un socle d'architecture. Dans la partie sénestre du champ, la seule qui subsiste, un écu à la fasce frettée et à la bordure engrêlée. La robe est striée horizontalement depuis le haut jusqu'en bas.

Contre-Sceau.

Légende. — † S...VM SECRETI

(Sigillum secreti).

Dessin. — Ecu losangé [1].

(Archives nationales. *Inventaire Douët d'Arcq*, n° 2893. — Michon, p. 76 et pl. VI, fig. 30 et 30 *bis*).

---

§ III. — COMTES D'ANGOULÊME (DYNASTIE DE VALOIS-ORLÉANS)

N° **16** — JEAN D'ORLÉANS [2],

COMTE D'ANGOULÊME.

1410-1416 [3].

Ovale, 16^{mm} sur 13. — Quittance donnée par « Jehan, comte d'Angoulême », à M° Pierre Sauvage, « secrétaire et garde des coffres de nostre très redoubté seigneur et frère monsieur le duc d'Orléans » (Blois, 30 septembre 1410). — Autre exemplaire (quittance donnée à Londres le 1er février 1416.)

---

(1) Représentant probablement les armes des comtes d'Angoulême.

(2) Né le 26 juin 1404 ; fils de Louis de France, duc d'Orléans, comte d'Angoulême, et de Valentine de Milan ; comte d'Angoulême le 23 novembre 1407 ; marié, par contrat du 31 août 1419, à Marguerite de Rohan, fille d'Alain IX vicomte de Rohan et de Marie de Bretagne ; mort le 30 avril 1467.

(3) Nous avons vérifié avec soin ces deux dates, étant surpris que Jean d'Orléans, qui n'avait que six ans en 1410 et douze ans en 1416, eût signé lui-même ces deux quittances, sans l'intervention d'aucun tuteur ni d'un prince de sa famille. Les dates sont bien exactes, la signature est très nette, et celle qui a été donnée à Blois en 1410 est identique à celle qui a été donnée en 1416 à Londres, où Jean d'Orléans avait été envoyé en otage.

Légende. — ... **angolesme.**

Dessin. — Ecu ovale à trois fleurs de lys, au lambel [1], entouré d'une bordure contenant la légende.

(Bibliothèque nationale, Mss. Pièces originales, Orléans, t. 2157, nᵒˢ 454 et 510.)

Nᵒ **17**   LE MÊME.

1445.

Rond, 65ᵐᵐ. — Charte du comte, relative à sa rançon (Louviers, 1ᵉʳ avril 1445 après Pâques).

Légende. — ... **gillum : joannis : aurelianensis : comitis : engolismensis.**

(Sigillum Joannis Aurelianensis, comitis Engolismensis).

Dessin. — L'écu de France brisé d'un lambel de trois pendants, celui du milieu chargé d'un croissant [2]. L'écu est penché, timbré d'un heaume à lambrequins, cimé d'une fleur de lys, supports, deux cygnes.

Contre-Sceau.

Légende. — **s. jehan... angolesme.**

(Seel Jehan d'[Orléans, comte d'] Angolesme).

Dessin. — Même écu qu'à la face, sans accompagnements.

(Archives nationales. *Inventaire Douët d'Arcq*, nᵒ 856. — Michon, p. 80, et pl. VI, nᵒ 26).

Nᵒ **18**   LE MÊME.

1447.

Rond, 65ᵐᵐ. — Charte du comte, relative à sa rançon (27 janvier 1447).

Légende. — .... **comitis engolismensis.**

Dessin. — Ce n'est plus qu'un fragment assez informe où l'on voit un reste d'écu, qui se trouve plus complet au contre-sceau. Ici l'écu est accompagné à peu près de même qu'au sceau précédent.

---

(1) D'azur, à trois fleurs de lys d'or, 2 et 1 (France), au lambel d'argent de trois pendants mouvants du chef, au croissant du même dans le deuxième pendant (Valois-Orléans). Voir la note du numéro suivant.

(2) « Notez que le P. Anselme (t. I, p. 209) met un croissant à chacun des trois pendants, ce que notre sceau, parfaitement conservé, montre être une erreur » (*Inventaire Douët d'Arcq*).

Contre-Sceau.

Dessin. — Ecu écartelé : aux 1 et 4, d'Orléans-Angoulême (comme ci-dessus) ; aux 2 et 3, de Milan (d'argent, à la guivre d'azur couronnée d'or, à l'issant de gueules).

(Archives nationales. *Inventaire Douët d'Arcq*, n° 857).

N° **19**   LE MÊME.

1457.

Rond, de grande dimension (fragment). — Quittance donnée par Jean d'Orléans, comte d'Angoulême, seigneur d'Epernay et de Romorantin, à Joachin Luart, notaire et secrétaire du roi, commis à recevoir l'aide de la ville de Bordeaux, au sujet d'un don fait par le roi (Tours, 24 février 1457) [1].

Légende détruite.

Dessin. — Ecu penché, écartelé d'Orléans et de Milan, timbré d'un heaume cimé de... et accompagné de lambrequins couvrant toute la partie supérieure du champ [2].

Contre-Sceau.

Rond, 32^{mm}.

Sans légende.

Dessin. — L'écu de la fasce embrassé de deux palmettes.

(Bibliothèque nationale, Mss. Fonds français, t. 20,381, n° 16).

N° **20**   LE MÊME.

1463.

Rond, 30^{mm}. — Etat intitulé : « S'ensuivent les pancions et gaiges ordinaires ordonnez par monseigneur le conte d'Angoulême estre payés... » (1er juillet 1463).

Légende détruite.

Dessin. — Ecu droit écartelé d'Orléans et de Milan.

(Bibliothèque nationale, Mss. Pièces originales, Orléans, t. 2160, n° 714).

---

[1] Ce sceau est peut-être le même que le précédent, sans qu'on puisse en avoir la certitude, le dessin de l'exemplaire de 1447 étant fruste.

[2] Il semble qu'il y ait un cygne à dextre du cimier, au-dessus des lambrequins ; le côté sénestre ne subsiste plus dans cette partie.

Nº **21**

MARGUERITE DE ROHAN [1],

VEUVE DE JEAN D'ORLÉANS,

COMTE D'ANGOULÊME.

1475.

Rond, 32ᵐᵐ. — Quittance de pension donnée par Marguerite de Rohan, comtesse d'Angoulême, dame d'Epernay et de Romorantin, au sujet du bail de son fils le comte d'Angoulême (6 février 1475, n. st.).

Sans légende.

Dessin. — Ecu en losange, fruste, parti : au 1, on distingue à peine des fleurs de lys, au lambel sans doute, coupé de... ; au 2, des mâcles (de gueules, à neuf mâcles d'or, 3, 3 et 3, qui est de Rohan).

(*Clairambault*, nº 180).

Nº **22**

LE MÊME

1485.

Rond, 55 à 60ᵐᵐ. — Charte de 1485.

Légende. — **Sigillum Marg... ..roux** [2].

(Sigillum Margarite, [domine] de Montberoux).

Dessin. — Ecu losangé parti : au 1, coupé d'Orléans et de Milan ; au 2, de Rohan. Rameaux dans le champ.

(Michon, p. 80 et pl. VI, nº 27).

Nº **23**

CHARLES D'ORLÉANS [3],

COMTE D'ANGOULÊME.

1478.

Rond (fragment). — Acte de réception de foi et hommage de Girard de La Brosse, licencié ès-lois (30 août 1478).

Légende ?

Dessin. — Ecu aux armes d'Orléans.

---

[1] Voir la notice 1 du nº 16.

[2] Cette légende nous parait douteuse.

[3] Né vers 1418 ; fils de Jean d'Orléans, comte d'Angoulême, et de Marguerite de Rohan ; comte d'Angoulême le 30 avril 1467 ; marié, par contrat du 16 février 1487, à Louise de Savoie, fille de Philippe II, duc de Savoie, et de Marguerite de Bourbon ; mort le 1ᵉʳ janvier 1495.

Contre-Sceau.

Légende ?

Dessin. — Même écu.

(Archives départementales de la Charente).

N° **24**   LE MÊME.

1487.

Rond, de grande dimension (fragment). — Reconnaissance délivrée par Charles, comte d'Angou-lême, seigneur d'Epernay, Romorantin, Melle et Chizé, par laquelle il déclare avoir été mis en pos-session des terres de Melle et de Chizé, à lui données par le roi « à l'occasion du mariage de notre très chère et très aimée compagne Louise de Savoie » (23 mars 1487).

Légende détruite.

Dessin effacé, où l'on distingue à peine la guivre (probablement écartelé d'Orléans et de Milan).

Contre-Sceau.

Rond ou ovale, 11^{mm} (probablement l'empreinte du chaton d'une bague).

Sans légende.

Dessin. — Un petit écu à trois fleurs de lys.

(Bibliothèque nationale, Mss. Fonds français, t. 20,381, n° 47).

N° **25**   LE MÊME.

1488.

Rond, de grande dimension (la partie subsistante a environ 55^{mm} de diamètre ; mais il y avait pro-bablement une bordure contenant une légende). — Notification faite par Charles d'Orléans, comte d'Angoulême, seigneur d'Epernay et de Romorantin, pair de France, lieutenant général et gouver-neur du pays et duché de Guienne, aux gens des comptes de Paris, des mesures prises en exécution de l'autorisation donnée par le roi de tirer et faire tirer hors du royaume, par les pays de Guienne et Saintonge et le gouvernement de La Rochelle, 1200 tonneaux de blé-froment, etc. (dernier février 1488).

Légende nulle ou détruite.

Dessin. — Ecu droit écartelé d'Orléans et de Milan. Couronne ducale. Supports, deux lions.

(Bibliothèque nationale, Mss. Fonds français, t. 20,381, n° 19).

N° 26

LE MÊME.

1492.

Rond, de grande dimension. — Ordonnance rendue par Charles, comte d'Angoulême, seigneur d'Epernay et de Romorantin, lieutenant-général et gouverneur du duché de Guienne, et autorisant Jean de Chalon, prince d'Orange, à faire enlever 2500 tonneaux de blé hors du royaume sans payer aucun droit (Cognac, 2 février 1492):

Plus rien d'utile de la légende.

Dessin. — Il est impossible d'en donner une description régulière. Au moment où l'acte fut scellé, la cire fut recouverte de papier gris, sur lequel on paraît avoir frappé consécutivement plusieurs empreintes. On distingue un écu écartelé d'Orléans et de Milan, et au-dessus un autre écu, beaucoup plus petit, aux mêmes armes, qui est placé dans un sens différent. Malgré ces défectuosités de l'empreinte, ce sceau ne saurait être confondu avec les précédents, parce que le champ est semé de fleurs de lys.

Contre-Sceau.

Rond.

Sans légende.

Dessin. — Ecu (probablement aux mêmes armes), entouré de quatre palmettes.

(Bibliothèque nationale, Mss. Fonds français, t. 20,381, n° 23).

N° 27

LOUISE DE SAVOIE [1],

VEUVE DE CHARLES, COMTE D'ANGOULÊME.

1499-1508.

Rond, 30^{mm}. — Quittance de pension délivrée au receveur du comté de Blois, sous le contre-scel de « Louise, comtesse d'Angoulême, dame d'Esparnay et de Remorantin, comme ayant la tutelle, bail, gouvernement et administration de nostre très cher et très amé fils François duc de Valloys et conte dudict Angoulesme » (6 avril 1499); quittance donnée par Louise, comtesse d'Angoulême, dame d'Epernay, de Romorantin, de Chizé et de Melle, à Jean Lallemant, conseiller de monseigneur le roi et receveur général de ses finances, d'une rente constituée au profit de feu Charles, comte d'Angoulême, son mari (2 septembre 1508).

Sans légende.

Dessin. — Ecu droit en bannière (?), parti : au 1, coupé d'Orléans (trois fleurs de lys au lambel) et de Milan ; au 2, à une demi-croix (de gueules, à la croix d'argent, qui est de Savoie). Bordure de feuillages.

(Bibliothèque nationale, Mss. Pièces originales, Orléans, t. 2165. Fonds français, t. 20,381, n° 14).

---

(1) Fille de Philippe II, duc de Savoie, et de Marguerite de Bourbon ; mariée, par contrat du 16 février 1487, à Charles d'Orléans, comte d'Angoulême, seigneur d'Epernay et de Romorantin ; veuve le 1er janvier 1495 ; duchesse d'Anjou, de Nemours (15 avril 1524), de Touraine (22 décembre 1528) ; duchesse d'Angoulême par érection du comté en duché-pairie (1515) ; régente de France le 15 juillet 1515 et le 24 août 1524 ; morte le 22 septembre 1531.

N° **28**   FRANÇOIS D'ORLÉANS [1],

DUC DE VALOIS, COMTE D'ANGOULÊME.

1512-1513.

Rond, 28ᵐᵐ. — Gages de l'office de capitaine de 100 lances (4 juillet 1512, 25 mars 1512 avant Pâques, 24 juin 1513).

Sans légende.

Dessin. — Ecu portant trois fleurs de lys au lambel, surmonté d'une couronne, sur champ festonné [2].

(Bibliothèque nationale, Mss. Clairambault, t. 135, f° 2135 ; fonds français, t. 20,381, n°ˢ 33 et 35).

§ IV. — DUCS D'ANGOULÊME

N° **29**   LOUISE DE SAVOIE [3],

DUCHESSE D'ANGOULÊME.

1515.

Rond, environ 95ᵐᵐ. — Lettres d'amortissement pour les Blancs-Manteaux (Amboise, septembre 1515).

Légende. — ✝ S : LVDOVICE MATRIS REGIS DVCISSE ENGOL : ET AM...E

(Sigillum Ludovice, matris regis, ducisse Engolisme et Ambasie).

Dessin. — Ecu parti : au 1, coupé de France et de Milan ; au 2, de Savoie ; couronné et entouré d'une cordelière.

Contre-Sceau.

Rond, 36ᵐᵐ.

Sans légende.

Dessin. — L'écu de la face, couronné et accompagné de même.

(Archives nationales. *Inventaire Douët d'Arcq*, n° 170).

---

(1) Né le 12 septembre 1494 ; fils de Charles d'Orléans, comte d'Angoulême, et de Louise de Savoie ; comte d'Angoulême le 1ᵉʳ janvier 1505 ; roi de France le 1ᵉʳ janvier 1515 sous le nom de François Iᵉʳ ; marié : 1° le 14 mai 1514, à Claude de France, fille de Louis XII, roi de France, et d'Anne, duchesse de Bretagne ; 2° en 1530, à Eléonore d'Autriche, fille de Philippe Iᵉʳ, roi d'Espagne, et de Jeanne d'Aragon ; mort en 1547.

(2) L'écu est au centre d'une rosace à un grand nombre de lobes, qui forme la bordure ; un point dans chaque lobe ; la couronne empiète sur la bordure.

(3) On a décrit ci-dessus les sceaux de Louise de Savoie qui se rapportent à l'époque où cette princesse avait le titre de comtesse d'Angoulême, mais seulement comme épouse et ensuite veuve de Charles d'Orléans, comte d'Angoulême. Leur fils François d'Orléans, duc de Valois, succéda à son père comme comte d'Angoulême ; devenu roi de France, il érigea (1515) le comté en duché-pairie et en fit don à sa mère Louise de Savoie, qui fut ainsi, de 1515 à 1531, duchesse d'Angoulême de son propre chef. Le sceau décrit ci-dessus se rapporte à cette seconde période.

N° **30**   LA MÊME.

1521.

Rond, 110^{mm}. — Notification faite par Louise, mère du roi, duchesse d'Angoulême et d'Anjou, comtesse du Maine et de Gien, régente de France, aux trésoriers de France, au sujet d'une requête de Richard Pichon, fermier de la traite des vins ès pays et gouvernement de Saintonge (Lyon, 5 juillet 1521).

Légende. — † S. ... REGET. FRANCIE

(Sigillum regentis (?) Francie).

Dessin. — Même dessin qu'au numéro précédent.

Contre-Sceau.

Rond, 38^{mm}.

Sans légende.

Dessin. — L'écu de la face, avec la couronne, mais sans la cordelière.

(Bibliothèque nationale, Mss. Fonds français, t. 20,381, n° 32).

N° **31**   LA MÊME.

1531.

Rond, 87^{mm}. — Acte par lequel Louise de Savoie, duchesse d'Anjou et d'Angoulême, comtesse du Mans et de Beaufort, etc., prend sous sa protection le monastère de Froidmont, au diocèse de Beauvais (Saint-Cloud, avril 1531).

Légende. — S LVDOVICÆ. MATR. REG. FRACO. DVCISSÆ ANDEGAV. ANGO. CO. CENOMAN. ET. BELLIFORT.

(Sigillum Ludovicæ, matris regis Francorum, ducissæ Andegaviæ, Angolismæ, comitissæ Cenomaniæ et Bellifortis).

Dessin identique à celui des numéros précédents.

Contre-Sceau.

Rond, 47^{mm}.

Sans légende.

Dessin. — L'écu de la face, entouré de rinceaux, sans la cordelière.

(Dessin dans la collection Gaignières. Bibliothèque nationale, Mss. Fonds français, t. 20,379, f° 18).

N° **32**   CHARLES DE VALOIS [1],

DUC D'ANGOULÊME.

1541-1542.

Rond, 23^{mm}. — Quittances de gages données par « Charles, fils de roy, duc d'Orléans et d'Angoulesme », capitaine de 50 lances des ordonnances du roi (26 février 1541, 27 mai 1542).

Sans légende.

Dessin. — Cartouche aux armes d'Orléans, timbré d'une couronne ducale et entouré du collier de l'ordre.

(Bibliothèque nationale, Mss. Fonds français. t. 20,425, nᵒˢ 31 et 32).

N° **33**   DIANE DE FRANCE [2],

DUCHESSE D'ANGOULÊME.

1593.

Rond, 80^{mm}. — Nomination à la chapelle du château de l'Isle-Adam, par Diane de France, fille et sœur légitimée du roi, duchesse d'Angoulême, douairière de Montmorency, comtesse de Ponthieu, etc., dame de l'Isle-Adam (Tours, 29 mai 1593).

Légende. — † DIANE DE.... DVCH DE MONTMORENCI ET DE .HASTELLERAVLT
(Diane de [France], duchesse de Montmorenci et de Chastellerault).

Dessin. — Ecu parti : au 1, une demi-croix cantonnée de sept alérions (Montmorency) [3] ; au 2, une fleur de lys et demie, au filet en barre brochant ; timbré d'une couronne, embrassé par deux palmes.

Contre-Sceau.

Sans légende.

Dessin. — L'écu de la face avec la couronne et les palmes.

(*Clairambault*, n° 6411).

---

(1) Charles-Maximilien de Valois, duc d'Angoulême, puis duc d'Orléans ; né le 7 juin 1550 ; fils d'Henri II, roi de France, et de Catherine de Médicis ; roi de France le 5 décembre 1560 ; marié, par contrat du 11 janvier 1570 et par procuration le 21 octobre suivant, à Elisabeth d'Autriche, fille de Maximilien II d'Autriche, empereur d'Allemagne, et de Marie d'Autriche ; mort le 30 mai 1574.

(2) Née vers 1539 ; fille naturelle de Henri II, roi de France, et de Philippe Duc ; duchesse de Châtellerault en 1563, d'Etampes en 1576, d'Angoulême en août 1582 ; dame de Cognac et de Merpins en 1588 ; mariée 1° par contrat du 13 février 1552, à Horace Farnèse, duc de Castro ; 2° par contrat du 3 mai 1557, à François duc de Montmorency, fils d'Anne duc de Montmorency et de Madeleine de Laval ; morte le 11 janvier 1619.

(3) Montmorency : d'or, à la croix de gueules cantonnée d'alérions d'azur. Le nombre des alérions a varié ; il était, dans les blasons modernes, de seize, 2 par 2.

N° **34**   LA MÊME.

1594.

Rond, 23^{mm}. — Quittance donnée par Diane de France, duchesse d'Angoulême, au receveur général de Tours (dernier janvier 1594).

Sans légende.

Dessin. — Ecu parti : au 1, une demi-croix cantonnée de sept alérions, 4 et 3 (Montmorency) ; au 2, une fleur de lys et demie, à la barre brochant ; timbré d'une couronne, embrassé par deux palmes.

(Bibliothèque nationale, Mss. Pièces originales, Montmorency, t. 2032, n° 272).

II$^\text{e}$ Série. — SEIGNEURS.

N° 35

AMBLEVILLE (FRANÇOIS D') [1],

SEIGNEUR DU LIEU [2].

1553.

Rond, 20^{mm}. — Quittance de gages (2 août 1553).

Sans légende.

Dessin. — Ecu portant un pal sous un chef, accompagné de trois rameaux.

(*Clairambault*, n° 113).

N° 36

ANGOULÊME (HENRI D') [3].

1567.

Ovale, 26^{mm} sur 20. — Quittance de gages donnée à Odet de Baillon, sieur des Farges, trésorier des guerres, par Henri, chevalier d'Angoulême, capitaine de 50 hommes d'armes (12 décembre 1567).

Sans légende.

Dessin. — Ecu portant trois fleurs de lys au lambel de trois pendants, au bâton en barre brochant, sous un chef à une croix (de gueules, à la croix d'argent, qui est de l'ordre de Saint-Jean-de-Jérusalem) ; l'écu est entouré d'un chapelet. Bordure de filets.

(Bibliothèque nationale, Mss. Fonds français, t. 20387, n° 108).

---

(1) Chevalier, lieutenant de la compagnie de monseigneur de Jarnac.

(2) Aujourd'hui commune d'Ambleville, canton de Segonzac, arrondissement de Cognac.

(3) Fils naturel d'Henri II, roi de France, et de Flamin de Leviston ; capitaine de 50, puis de 100 hommes d'armes des ordonnances ; grand prieur de France de l'ordre de Malte et amiral ; abbé commendataire de la Chaise-Dieu (1562) et de Saint-Pierre de Clairac (1568) ; mort en 1586.

N° **37**   LE MÊME.

1577-1578.

Rond, 26ᵐᵐ. — Quittance de gages donnée à Etienne Galunet (?), sieur de Villefallier, conseiller du roi et trésorier ordinaire des guerres, par Henri d'Angoulême, grand prieur de France, capitaine de 100 hommes d'armes des ordonnances (11 juillet 1577) ; attestation au sujet du lieutenant et de l'enseigne de la compagnie du duc d'Uzès, délivrée par Henri d'Angoulême, grand prieur de France, capitaine de 100 lances, commandant en Provence (Aix, 21 mars 1578).

Sans légende.

Dessin. — Même dessin qu'au numéro précédent.

(Bibliothèque nationale, Mss. Fonds français, t. 20387, n° 107. — *Clairambault*, n° 179).

N° **38**   AUDIER (FRANÇOIS) [1],

SEIGNEUR DE VÉDIGNAC [2].

1561.

Rond, 20ᵐᵐ. — Quittance de gages donnée par François Audier, seigneur de Védignat, maréchal des logis de la compagnie de 30 lances des ordonnances du roi sous la charge et conduite de M. de Tavannes (25 février 1561).

Sans légende.

Dessin. — Ecu droit aux armes (d'azur, à trois lions léopardés d'or, lampassés de gueules), accompagné de fleurons.

(Bibliothèque nationale, Mss. Pièces originales, Audier).

N° **39**   LE MÊME.

1574.

Ovale, 19ᵐᵐ sur 17. — Quittance de gages donnée par François Audier, seigneur de Védignat, porteur et guidon de la compagnie de 30 lances sous la charge et conduite de M. de Tavannes (23 novembre 1574) [3].

---

(1) Fils de Guinot Audier et de Barbe du Bois.

(2) Védignac ou Védignat, aujourd'hui commune d'Ars, canton et arrondissement de Cognac.

(3) Le même cachet est apposé sur une quittance donnée le 25 janvier 1578 par Jean Audier de Védignat, guidon de la compagnie de M. de Tavannes ; il nous paraît probable, d'après cette qualification, qu'on a mis par erreur *Jean* au lieu de *François*.

Sans légende.

Dessin. — Cartouche aux armes, fleuron au-dessus du cartouche.

(Bibliothèque nationale, Mss. Pièces originales, Audier. — Michon, p. 82 et pl. VIII, fig. 53).

N° **40**   AUDIER (JEAN) [1],

SEIGNEUR DE VÉDIGNAC.

1564-1566.

Ovale, 20ᵐᵐ sur 15. — Quittance de gages donnée par Jean Audier, sieur dudit lieu, maréchal de la compagnie de 50 lances des ordonnances du roi sous la charge et conduite de monseigneur le duc d'Alençon (18 février 1564, 21 mai 1566).

Sans légende.

Dessin. — Dans l'ovale du cachet, trois lions léopardés, passants l'un sur l'autre, sans écusson ni couronne.

(Bibliothèque nationale, Mss. Pièces originales, Audier).

N° **41**   BARBEZIEUX (HENRI, SEIGNEUR DE),

CHEVALIER BANNERET.

1376.

Rond, 30ᵐᵐ. — Quittance de gages pour la garde et défense du château et de la ville de Barbezieux (10 février 1376, n. st.).

Légende. — S HENRI SIRE BA.... .L

(Seel Henri, sire Barbezieux, chevalier).

Dessin. — Ecu à l'écusson en abîme (d'or, à un écusson d'azur en abîme), penché, timbré d'un heaume cimé d'un vol, supporté par deux lions à tête de femme.

(*Clairambault*, n° 649).

---

[1] Fils de Guinot Audier et de Barbe du Bois ; marié en 1561 à Madeleine Maraffin.

N° **42**

BARDON [1] MICHEL [2].

1383.

Rond, 24mm. — Quittance de gages pour la chevauchée de Bourbourg (12 septembre 1383).

Légende détruite.

Dessin. — Ecu à l'orle d'annelets, au franc canton chargé d'une tête d'oiseau ; penché, timbré d'un heaume.

(*Clairambault*, n° 657).

N° **43**

BOUCHARD (ARNAUD) [3],

SEIGNEUR DE TOURRIERS [4].

1290.

Rond, grande dimension.

Légende. — .... RIER

(.... **Tourier**)

Dessin. — Ecu à trois pals, à une fasce brochant.

(Lièvre, *Exploration archéologique du département de la Charente*, canton de Saint-Amand-de-Boixe, p. 90 et 91).

N° **44**

BOUCHARD (GUY).

1353.

Rond, 23mm. — Quittance délivrée à Jean Chauvel pour services de guerre (en l'ost de Surgères, 17 août 1353).

Légende. — ..... BOUCHAR

Dessin. — Ecu losangé, au chef chargé de trois alérions, penché, timbré d'un heaume cimé d'une tête de loup.

(D'après un dessin à la Bibliothèque nationale, Mss. Pièces originales, Bouchard d'Aubeterre).

---

(1) « Nous avons déjà énoncé notre opinion sur l'origine de la maison de Bardon, et nous croyons qu'elle est sortie de la province d'Angoumois.... L'an 1364, il [Guillaume de Bardon] rendit aveu et dénombrement à Helie, évêque d'Angoulême, d'un grand nombre d'héritages et hébergements ou mayennements situés en la paroisse de Pressac. » (SAINT-ALLAIS, *Nobiliaire universel*, t. X, p. 110 et 111). — Pressac, aujourd'hui commune de Saint-Quentin, canton de Chabanais, arrondissement de Confolens.

(2) Fils de Guillaume de Bardon (SAINT-ALLAIS, *ibid.*, p. 111, 112 et 113). — Nous donnons ce sceau sous réserves, l'origine et la filiation indiquées par Saint-Allais ne nous paraissant pas positivement établies.

(3) Fils de Pierre Baudrand, seigneur de Tourriers. Dans la famille des seigneurs de Tourriers, l'aîné s'appelait Baudran, le cadet Bouchard (Lièvre, *loc. cit.*).

(4) Aujourd'hui commune de Tourriers, canton de Saint-Amand-de-Boixe, arrondissement d'Angoulême.

N° **45**   [BOUCHARD] D'AUBETERRE [1] (JEAN) [2].

1552.

Rond, 80ᵐᵐ. — Quittance de pension (19 mai 1552).

Sans légende.

Dessin. — Ecu losangé, au chef plain.

(*Clairambault*, n° 362).

N° **46**   BOUCHARD D'AUBETERRE (GUY) [3].

1555-1556.

Rond, 80ᵐᵐ. — Attestations délivrées par le vicaire-général de Périgueux sous l'épiscopat de Guy Bouchard d'Aubeterre (7 mars 1555 et 2 mai 1556).

Légende. — GVIDO DE ALB....A EPISCOPVS PETRAG

(**Guido de Albaterrâ, episcopus Petragoricensis**).

Dessin. — Ecu écartelé : aux 1 et 4, losangé ; aux 2 et 3, à trois léopards [4] : une crosse derrière l'écu.

(Bibliothèque nationale, Mss. Périgord, t. 85).

N° **47**   BOUCHARD (DAVID) [5],

VICOMTE D'AUBETERRE.

1589.

Ovale, 19ᵐᵐ sur 16. — Quittance de ses gages comme sénéchal de Périgord (Périgueux, 30 septembre 1589).

Sans légende.

---

[1] Aujourd'hui chef-lieu de canton, arrondissement de Barbezieux.

[2] Chevalier, seigneur de Saint-Martin, guidon de 40 lances.

[3] Fils de Louis Bouchard, seigneur d'Aubeterre, et de Marguerite de Mareuil de Villebois ; évêque de Périgueux en 1554 ou 1555.

[4] Losangé d'or et d'azur, au chef de gueules (Raymond) ; de gueules, à trois léopards d'or passants, armés et lampassés d'argent (Bouchard). — C'est ainsi que les partitions sont expliquées dans plusieurs ouvrages spéciaux, parmi lesquels nous citerons l'*Armorial du Périgord*, par M. Alfred de Froidefond (2ᵉ édit., t. Iᵉʳ, p. 97). Il est néanmoins assez remarquable que dans les sceaux des Bouchard (Guy et David), ce soit le losangé (Raymond) qui figure au premier quartier, tandis que dans les sceaux des Raymond (Pierre et Jean), qu'on trouvera plus loin, la première partition est aux trois léopards (Bouchard). Nous n'avons pu découvrir, sur ces deux maisons, que des généalogies fort incomplètes.

[5] Né vers 1540 ; chevalier du Saint-Esprit le 31 décembre 1585 ; marié, par contrat du 16 février 1579, à Renée de Bourdeille, fille d'André de Bourdeille ; mort le 10 août 1593.

Dessin. — Ecu à pointe arrondie, écartelé : aux 1 et 4, à trois léopards ; aux 2 et 3, losangé. Couronne de comte. Collier des ordres de Saint-Michel et du Saint-Esprit.

(Bibliothèque nationale, Mss. Pièces originales, Bouchard d'Aubeterre, pièce n° 21).

N° 48   BRÉMONT [1] (PIERRE) [2],

CHATELAIN DE COGNAC.

1281.

Ovale, 25ᵐᵐ sur 22. — Testament de « Guy de Lezignen, sires de Compnac » (le jour de la Saint-Luc [18 octobre] 1281).

Légende. — † S PETRI BERM....

(Sigillum Petri Bermondi).

Dessin. — Une fleur de lys fleuronnée.

(Archives nationales. *Inventaire Douët d'Arcq*, n° 5289).

N° 49   BRÉMONT (BERNARD DE) [3].

1281.

Ogival, 30ᵐᵐ. — Testament de Gui de Lusignan, seigneur de Cognac (le jour de la Saint-Luc [18 octobre] 1281).

Légende. — S. BERNARDI BERMONDI

(Sigillum Bernardi Bermondi).

Dessin. — La Vierge debout, avec l'Enfant Jésus ; à ses pieds, un personnage à genoux.

Archives nationales. *Inventaire Douët d'Arcq*, n° 8068).

---

(1) La famille Brémond ou Bermond était établie, dès la fin du X° siècle, à Palluaud, aujourd'hui commune du canton de Montmoreau, arrondissement de Barbezieux (NADAUD, *Nobiliaire du diocèse et de la généralité de Limoges*, t. Iᵉʳ, p. 609). La forme *Brémond* a prévalu, mais on voit que la forme primitive était *Bermond*.

(2) Pierre IV de Brémond, fils de Pierre III ; gouverneur châtelain de la ville de Cognac en 1267, pour Guy de Lusignan, frère de Hugues XI, comte d'Angoulême.

(3) Bernard de Brémond, clerc, fut, avec son oncle Pierre IV de Brémond (voir ci-dessus), l'un des exécuteurs testamentaires de Guy de Lusignan.

N° **50**   BRÉMONT DE SAINT-AULAYE (PIERRE) [1],

CHEVALIER.

1340.

Rond, 20ᵐᵐ. — Quittance de gages (2 mars 1340, n. st.).

Légende. — ... P BREMO. C.....

([Seel] **Pierre Brémont, chevalier**).

Dessin. — Ecu portant deux alérions.

(Clairambault, n° 1506. — Michon, p. 82 et pl. VIII, fig. 57).

N° **51**   BRETTES (FRANÇOIS DE) [2].

1570.

Ovale, 22ᵐᵐ sur 18. — Quittance de gages donnée par François de Brettes, sieur de Cros, guidon de la compagnie de 30 lances des ordonnances dont a la charge M. de Merville (26 décembre 1570).

Sans légende.

Dessin. — Sur un cartouche, écusson ovale à trois cigognes, 2 et 1.

(Bibliothèque nationale, Mss. Pièces originales, Brettes).

N° **52**   BRILLAC (HUMBERT GUI [3],

SEIGNEUR DE) [4].

1267.

Rond, 28ᵐᵐ. — Charte où *Hymbertus Guidonis, miles, dominus de Brilhac,* se porte caution de Boson de Bourdeille (1267).

---

(1) Probablement Saint-Aulais-la-Chapelle-Conzac, aujourd'hui chef-lieu de commune, canton et arrondissement de Barbezieux.

(2) « Cette famille », dit Nadaud, (*Nobiliaire*, t. Iᵉʳ, p. 618), « paraît tirer son nom de la terre de Brettes, située en Angoumois, à trois lieues de Ruffec » (aujourd'hui canton de Villefagnon, arrondissement de Ruffec). Cette assertion, qui est basée principalement sur l'identité des noms de la famille et de la localité, peut s'appuyer sur certaines alliances entre la famille de Brettes et diverses familles de l'Angoumois ; toutefois, nous ne la regardons pas comme établie, d'autant moins que les seigneuries possédées par la famille de Brettes étaient situées dans les environs de Limoges. C'est donc sous réserves que nous insérons dans notre recueil le cachet ci-dessus, qui d'ailleurs était un cachet d'emprunt, car les armes véritables sont d'argent, à trois vaches de gueules l'une sur l'autre.

(3) Dans son article sur Clément de Brillac, évêque de Tulle, Nadaud (*Nobiliaire*, t. Iᵉʳ, p. 624), dit que ce prélat fut d'abord curé de Brillac (Charente) ; d'où il semble résulter que le Brillac dont la famille portait le nom, est le Brillac qui est situé aujourd'hui sur le territoire du département de la Charente (chef-lieu de canton de l'arrondissement de Confolens). Cette opinion nous paraît avoir une grande vraisemblance, sans être positivement établie. Nous n'avons pu découvrir aucune généalogie complète de la famille de Brillac, qui a eu cependant une certaine illustration, puisqu'elle a fourni plusieurs archevêques et évêques, des chambellans du roi, etc. Dans les notes et fragments généalogiques du dossier de la Bibliothèque nationale, elle est attribuée tantôt au Poitou, tantôt au Berry et à la Basse-Marche, où elle possédait les seigneuries d'Argy et de Nouziers.

(4) D'après les termes de la charte et ceux de la légende, il semblerait que *Gui* a été d'abord le nom patronymique auquel se serait substitué ensuite celui de la terre.

Légende. — . HIMBERTI : G... IS : MILITIS

(Sigillum Himberti Guidonis, militis).

Dessin. — Ecu à trois fleurs de lys, 2 et 1 (d'azur, à trois fleurs de lys d'argent).

(Archives nationales. *Inventaire Douët d'Arcq,* n° 1572).

N° **53**   BRILLAC (GUI DE),

CHEVALIER.

1351.

Rond, 20^{mm}. — Quittance de gages pour les guerres de Picardie (Paris, 23 juin 1351).

Légende. — ...BRIL...CA....

(.... Brillac, ca....?).

Dessin. — Ecu portant trois fleurs de lys, penché, timbré d'un heaume cimé...., sur champ réticulé.

(*Clairambault,* n° 1584).

N° **54**   BRILLAC (GUI DE). [1],

CHEVALIER BACHELIER.

1379.

Rond, 25^{mm}. — Quittance de gages (Riom, 26 décembre 1379).

Légende. — S' GVIART. DE BRILLAC

(Seel Guiart de Brillac).

Dessin. — Ecu droit à trois fleurs de lys, surmonté d'une petite tige portant trois fruits et accompagné d'un fleuron en pointe, le tout dans un encadrement ovale allongé de haut en bas et posé sur un autre ovale dont on ne voit que les extrémités à droite et à gauche, ce qui forme une espèce de quadrilobe.

(Bibliothèque nationale, Mss. Pièces originales, Brillac).

---

[1] Le nom est écrit *Bruillac.*

N° **55**   BRILLAC (GEORGES DE) [1] ,

ÉCUYER.

1461.

Rond, 28ᵐᵐ environ (fragment en mauvais état). — Quittance de gages (28 mai 1461). Légende détruite.

Dessin. — On ne distingue plus qu'une fleur de lys.

(Bibliothèque nationale, Mss. Pièces originales, Brillac).

N° **56**   LE MÊME.

1478.

Rond, 31ᵐᵐ. — Quittance de pension (10 février 1478).

Légende. — s'. george. de. brillac. sire. de. courcelles

(Seel George de Brillac, sire de Courcelles).

Dessin. — Ecu aux armes, penché, timbré d'un heaume orné de lambrequins et cimé d'une tête de paon.

(Bibliothèque nationale, Mss. Pièces originales, Brillac).

N° **57**   BRILLAC (FRANÇOIS DE) [2].

1493.

Rond ? (fragment). — Quittance donnée par François de Brillac, évêque d'Orléans, abbé commendataire et perpétuel de Pontlevoy au diocèse de Chartres, au receveur du duc d'Orléans à Blois, de 20 .... (?) de sel, mesure de ladite abbaye, sur 80 « que nous avons le droit de prendre dans le grenier à sel dudit Blois » (5 novembre 1493).

Légende ?

Dessin. — Ecu aux armes, surmonté d'un ornement qui appartenait probablement à une mitre ?

(Bibliothèque nationale, Mss. Pièces originales, Brillac).

---

[1] Seigneur de Courcelles, conseiller et chambellan du duc d'Orléans, et plus tard conseiller et chambellan du roi.

[2] Fils de Jean de Brillac ; abbé de Pontlevoy vers 1465 ; évêque d'Orléans le 3 novembre 1473 ; archevêque d'Aix le 22 décembre 1503, par permutation avec son oncle Christophe de Brillac ; mort en 1505.

N° 58   BRILLAC (CHRISTOPHE DE) [1].

1500.

Rond, de petite dimension. — Quittance donnée au receveur de Blois, par Christophe de Brillac, archevêque d'Aix, abbé de Pontlevoy (10 septembre 1500).

Sans légende.

Dessin. — Trois fleurs de lys, sans bordure.

(Bibliothèque nationale, Mss. Pièces originales, Brillac).

N° 59   LE MÊME.

1503.

Ovale, 13mm sur 11. — Quittance analogue à celle de l'article précédent (15 janvier 1503).

Sans légende.

Dessin. — Ecu aux armes. Ce cachet, qui formait probablement le chaton de l'anneau épiscopal, est assez finement gravé, malgré ses petites dimensions.

(Bibliothèque nationale, Mss. Pièces originales, Brillac).

N° 60   LE MÊME.

1515-1519.

Ovale, 19mm sur 15. — Quittances données au receveur de Blois par Christophe de Brillac, archevêque de Tours, pour l'abbaye de Pontlevoy (22 janvier 1515, 5 janvier 1519).

Sans légende.

Dessin. — Ecu à trois fleurs de lys, timbré de la croix épiscopale.

(Bibliothèque nationale, Mss. Pièces originales, Brillac).

---

(1) Fils de Pierre de Brillac, seigneur d'Argy, et d'Anne de Tranchelion ; doyen du chapitre d'Orléans, abbé de Pontlevoy et de Saint-Père de Chartres ; archevêque de Tripoli et de Trajanople *in partibus* (peut-être y a-t-il eu confusion entre les deux noms) ; archevêque d'Aix en 1500 ; évêque d'Orléans le 22 décembre 1503, par permutation avec son neveu François de Brillac ; archevêque de Tours le 7 juillet 1514 ; abbé de Sainte-Croix de Bordeaux la même année ; mort en 1520.

N° **61**   BRILLAC (CLÉMENT DE) [1].

1502.

Rond, 34ᵐᵐ. — Lettres de collation de l'église Saint-Martial de Corrèze, en Bas-Limousin (31 octobre 1502).

Légende. — S. CAMERE S. PAPVLI [2]

(Sigillum camere Sancti-Papuli).

Dessin. — Ecusson à trois fleurs de lys, timbré du chapeau épiscopal.

(Archives départementales de la Haute-Vienne, D. 909. — Communiqué par MM. Champeval et Guibert. — Philippe de Bosredon et Ernest Rupin, *Sigillographie du Bas-Limousin*, n° 747).

N° **62**   BRILLAC (RENÉ DE) [3].

1566.

Rond, 16ᵐᵐ. — Gages de l'office d'échanson (23 avril 1566).
Sans légende.
Dessin. — Ecu à trois fleurs de lys, accosté des lettres I D.
(*Clairambault*, n° 1585).

N° **63**   CERVOLE (ARNAUD DE) [4],

SIRE DE CHATEAUNEUF-SUR-CHARENTE [5].

1352.

Rond, 27ᵐᵐ. — Quittance de gages pour les guerres d'entre les rivières de Loire et de Dordogne (Paris, 13 juillet 1352).

---

(1) Fils de Gui, seigneur de Brillac, et de Marthe de Pompadour ; curé de Brillac ; prieur commendataire d'Aureil le 28 septembre 1492 (résigne en 1494) ; évêque de Saint-Papoul en 1472 ; transféré à l'évêché de Tulle en 1495 ; mort le 25 mai 1515.

(2) On voit que Clément de Brillac avait fait usage, dans cette circonstance, et bien qu'il fût alors évêque de Tulle, d'un sceau dont il s'était servi comme évêque de Saint-Papoul.

(3) Seigneur d'Argy, échanson de la reine-mère.

(4) Chevalier, conseiller du roi Jean II et du régent (depuis Charles V), leur lieutenant à Bourges, au bailliage de Bourges, Berry, Nivernais, etc. ; archiprêtre laïque de Vélines en Périgord ; marié à N. de Châteauvilain, fille de Jean III, seigneur de Châteauvilain ; mort en 1366.

(5) Aujourd'hui chef-lieu de canton, arrondissement de Cognac.

Légende. — ARNALDI DE SERVOL...

(**Sigillum Arnaldi de Servolâ**).

Dessin. — Ecu au cerf saillant, penché, timbré d'un heaume, sur champ réticulé.

(*Clairambault*, n° 1998).

N° **64**   LE MÊME.

1353.

Rond, 25^{mm}. — Hommage rendu au roi (13 mars 1353).

Légende. — .... AVT D. CERVOLA... D. CHASTIAVN....

(**Arnaut de Cervola, [seigneur] de Chastiauneuf**).

Dessin. — Ecu chargé d'un cerf rampant, penché, timbré d'un heaume couronné, cimé d'une tête de cerf et supporté de deux hommes sauvages.

(Archives nationales. *Inventaire Douët d'Arcq*, n° 1667).

N° **65**   LE MÊME.

1359.

Rond, 24^{mm}. — Acte portant taxation des gages d'un notaire au service d'Arnaud de Cervole (Nevers, 18 mai 1359).

Légende détruite.

Dessin. — Ecu au cerf saillant, à la bordure besantée, penché, timbré d'un heaume dont le cimier a disparu, sur champ de rinceaux, dans un encadrement gothique.

(*Clairambault*, n° 1999).

N° **66**   LE MÊME.

1362.

Rond, 27^{mm}. — Quittance donnée par Arnaud de Cervole de toutes les sommes qu'il pouvait réclamer du roi (7 juillet 1362).

Légende. — .... RNALT DE CERVOL...

(**...Arnalt de Cervole**).

Dessin. — Ecu chargé d'un cerf rampant, à la bordure besantée, penché, timbré d'un heaume à bourrelet, cimé d'une tête de cerf, et supporté de deux lions.

(Archives nationales. *Inventaire Douët d'Arcq*, n° 1668).

N° **67**   CHABANAIS [1] (JEAN DE),

ÉCUYER.

1405.

Rond, 25ᵐᵐ. — Quittance de gages, guerres de Guienne (10 mai 1405).

Légende. — **s iehan de.... anoy**

(Seel Jehan de Chabanoy).

Dessin. — Ecu à deux lions couronnés passant l'un sur l'autre (d'argent, à deux lions passant de gueules), penché, timbré d'un heaume cimé d'un lion couronné issant, supporté par deux lions.

(*Clairambault*, n° 2004).

N° **68**   CHABOT (CHARLES DE) [2],

SEIGNEUR DE JARNAC [3].

1531.

Rond, 36ᵐᵐ. — Quittance des gages de gouverneur de La Rochelle, donnée par Charles Chabot, seigneur de Jarnac, Montlieu et Sainte-Aulaye, conseiller et chambellan du roi, maire et capitaine de la ville et cité de Bordeaux et du château du Ha, vice-amiral de Guienne, gouverneur et capitaine de La Rochelle (17 janvier 1531).

Légende. — CHARLES CH.... ... IARNAC

(Charles Chabot, seigneur de Jarnac).

Dessin. — Cartouche à trois chabots, 2 et 1.

(Bibliothèque nationale, Mss. Pièces originales, Chabot).

N° **69**   LE MÊME.

1539-1544.

Rond, 36ᵐᵐ. — Quittances en date des 4 octobre 1539, 1ᵉʳ février 1541, 3 mai 1544.

Légende. — CHARLES CHABOT SEIGNEVR DE IARNAC.

Dessin. — Cartouche aux armes. Collier de l'ordre de Saint-Michel.

(Bibliothèque nationale, Mss. Pièces originales, Chabot).

---

(1) Aujourd'hui chef-lieu de canton, arrondissement de Confolens.
(2) Fils de Jacques Chabot et de Madeleine de Luxembourg ; marié 1° à Jeanne de Saint-Gelais ; 2° à Madeleine de Puyguyon.
(3) Aujourd'hui chef-lieu de canton, arrondissement de Cognac.

N° **70**   CHABOT (GUY) [1],

SEIGNEUR DE JARNAC.

1548.

Rond, 25ᵐᵐ. — Quittance de gages de l'office de capitaine (4 janvier 1548, n. st.).

Sans légende.

Dessin. — Ecu à trois chabots, 2 et 1, accompagné de trois palmes.

(*Clairambault*, n° 2036).

N° **71**   LE MÊME.

1548.

Rond, 30ᵐᵐ. — Quittance du 10 février 1548.

Sans légende.

Dessin. — Ecu aux armes. Fleuron au-dessus de l'écu, rinceaux à dextre et à sénestre.

(Bibliothèque nationale, Mss. Pièces originales, Chabot).

N° **72**   LE MÊME.

1553.

Rond, 26ᵐᵐ. — Quittance de pension donnée par Guy Chabot, chevalier, seigneur de Jarnac, gouverneur de La Rochelle, capitaine de 40 lances (22 avril 1553).

Sans légende.

Dessin. — Ecu aux armes.

(*Clairambault*, n° 2037).

N° **73**   LE MÊME.

1557.

Rond, 40ᵐᵐ. — Quittance des gages de son office, donnée par Guy Chabot, chevalier, seigneur de Montlieu, Jarnac, etc., gouverneur et capitaine de La Rochelle (3 juillet 1557).

---

(1) Fils de Charles Chabot, baron de Jarnac, et de Jeanne de Saint-Gelais ; capitaine de 40 lances, gouverneur et capitaine de Coucy, sénéchal de Périgord, gentilhomme de la chambre, gouverneur et lieutenant de La Rochelle et du pays d'Aunis, maire perpétuel de Bordeaux, chevalier de l'ordre ; marié en 1548 à Louise de Pisseleu, fille de Guillaume de Pisseleu, seigneur d'Heilly, et de Madeleine de Laval.

Légende. — …. JARNAC.

Dessin. — Ecu à trois chabots, 2 et 1.

(*Clairambault,* n° 2038).

N° 74   LE MÊME.

1559.

Rond, 17ᵐᵐ. — Quittance de gages de l'office de capitaine, donnée par Guy Chabot, chevalier, seigneur de Jarnac, gouverneur de La Rochelle, gentilhomme ordinaire de la chambre, capitaine de 40 lances (Barbezieux, 20 janvier 1559, n. st.).

Sans légende.

Dessin. — Ecu à trois chabots, 2 et 1, timbré d'une couronne.

(*Clairambault,* n° 2039).

N° 75   LE MÊME.

1561-1564.

Ovale, 29ᵐᵐ sur 22. — Quittances pour ses gages comme maire de Bordeaux, donnée par Guy Chabot, seigneur de Jarnac, Montlieu et Sainte-Aulaye, chevalier de l'ordre, capitaine de 50 hommes d'armes, maire perpétuel de Bordeaux, gouverneur et lieutenant pour le roi en la ville de La Rochelle et pays d'Aunis (23 avril 1561). — Quittances analogues en date des 18 mars 1561, 8 février 1562, 10 mars 1564).

Sans légende.

Dessin. — Ecu droit aux armes. Couronne de baron. Collier de l'ordre de Saint-Michel.

(Bibliothèque nationale, Mss. Pièces originales, Chabot).

N° 76   CHAUVIGNY (GUY DE) [1],

SEIGNEUR DE TOURRIERS [2].

1364.

Rond (fragment). — Hommage rendu à l'évêque d'Angoulême pour les terres de Tourriers et de Laumont (1364).

---

(1) Marié à Jeanne des Brosses, fille de Jean des Brosses et d'Agnès Bouchard.

(2) Aujourd'hui commune de Tourriers, canton de Saint-Amand-de-Boixe, arrondissement d'Angoulême. La terre de Tourriers était tenue à hommage-lige de l'évêque d'Angoulême. C'était une baronnie qui, lors de l'érection de La Rochefoucauld en duché-pairie, fut comprise dans le duché et depuis releva du roi.

Légende. — .... D. CAVI....   (.... **de Cavigny**....).

Dessin. — Ecu à une fasce fuselée (d'argent, à la fasce fuselée de cinq pièces de gueules), au lambel de six pendants.

(Lièvre, *Exploration archéologique du département de la Charente*, canton de Saint-Amant-de-Boixe, p. 91).

N° **77**   CHESNEL [1] (JACQUES) [2] .

1515.

Rond (petite dimension). — Quittance (1515).

Sans légende.

Dessin. — Ecu à trois bâtons écotés posés en pal (d'argent à trois bâtons écotés de sinople, 2 et 1), et pour brisure deux croissants.

(Michon, p. 82 et pl. VIII, fig. 52) [3] .

N° **78**   CHESNEL (JACQUES).

1555.

Rond, 17 à 18^{mm}. — Quittance de gages donnée par Jacques Chesnel, maréchal des logis de la compagnie de M. de Burie (dernier décembre 1555).

Sans légende.

Dessin. — Ecu droit aux armes, sans ornement.

(Bibliothèque nationale, Mss. Pièces originales, Chesnel).

N° **79**   LE MÊME.

1559.

Rond, 20^{mm}. — Quittance de gages donnée par Jacques Chesnel, maréchal des logis de 30 lances des ordonnances du roi sous M. de Burye (25 janvier 1559).

Sans légende.

---

(1) Sieur des Réaux en Saintonge. — Les Chesnel étaient en outre seigneurs de Châteauneuf (aujourd'hui Château-Chesnel, commune de Cherves, arrondissement de Cognac) et de Meux en Saintonge.

(2) Gouverneur de la ville de Cognac.

(3) Michon décrit ce cachet d'après les titres scellés de la Bibliothèque nationale ; nous n'avons pu le retrouver.

Dessin. — Ecu droit aux armes, accompagné de trois palmettes, à dextre, à sénestre et au-dessus de l'écu.

(Bibliothèque nationale, Mss. Pièces originales, Chesnel).

N° **80** CHESNEL (JEAN).

1568.

Rond, 20ᵐᵐ. — Quittance de gages donnée par Jean Chesnel, enseigne de 50 hommes d'armes des ordonnances du roi sous la charge de M. de La Chasteneraye (4 février 1568).

Sans légende.

Dessin. — Ecu droit aux armes, accompagné de trois palmettes.

Observation. — Ce cachet nous parait identique à celui de 1559 de Jacques Chesnel.

(Bibliothèque nationale, Mss. Pièces originales, Chesnel).

N° **81** CRAON (GUILLAUME DE) [1],

SIRE DE MARCILLAC [2].

1383.

Rond, 36ᵐᵐ. — Quittance de gages pour la chevauchée de Bourbourg (25 août 1383).

Légende. — .... E DE CRA...

(Guillaume de Craon ....).

Dessin. — Ecu losangé (d'or et de gueules), penché, timbré d'un heaume cimé, sur champ losangé.

(*Clairambault*, n° 2282).

---

[1] Vicomte de Châteaudun, seigneur de Marcillac, Jarnac, etc. ; fils de Guillaume I⁰ʳ de Craon et de Marguerite de Flandre, vicomtesse de Châteaudun ; chambellan du roi ; marié à Jeanne de Montbazon, fille de Renaud seigneur de Montbazon et d'Eustache d'Antenaise.

[2] Aujourd'hui commune de Marcillac-Lanville, canton de Rouillac, arrondissement d'Angoulême.

N° **82**   GOURVILLE [1] (HÉLIE, SEIGNEUR DE) [2].

1330.

Rond, 22[mm]. — Quittance de gages pour service de guerre à Saintes (Saintes, 6 octobre 1330).

Légende. — † S' ELIE .. .ORVILLE

(Seel Hélie . . .. Gorville).

Dessin. — Ecu au lion d'or (d'or, au lion de gueules, couronné et lampassé d'argent), dans un quadrilobe.

(*Clairambault*, n° 4167).

N° **83**   JAMBES [3] (JEAN II DE) [4].

1428.

Rond, 32[mm]. — Quittance donnée par Jean de Jambes, écuyer d'écurie du roi, pour frais de garde de la ville d'Aiguesmortes (20 juillet 1428).

Légende. — ... iehan ... iambes.

([Seel] Jehan [de] Jambes).

Dessin. — Ecu penché, à un lion sur champ semé de fleurs de lys (d'azur, semé de fleurs de lys d'argent, au lion du même, armé, lampassé et couronné de gueules, brochant sur le tout) ; penché, timbré d'un heaume cimé de.... et accompagné de lambrequins.

(Bibliothèque nationale, Mss. Pièces originales, Chambes).

N° **84**   LE MÊME.

1448.

Rond, 33[mm]. — Quittance de gages d'officiers (8 janvier 1448, n. st.).

Légende.— seel iehan de iambes.

---

(1) Aujourd'hui commune de Gourville, canton de Rouillac, arrondissement d'Angoulême.

(2) Fils de Guillaume de Gourville ; seigneur de Gourville et du Lindois ; marié à Marquise d'Archiac.

(3) Famille d'ancienne chevalerie, originaire de l'Angoumois, et qui possédait, dès le XIIe siècle, le fief de Vilhonneur (aujourd'hui commune du canton de La Rochefoucauld, arrondissement d'Angoulême). — Une branche de la famille avait pris le nom de *Chambes*, et la famille elle-même est quelquefois désignée sous ce nom dans les Nobiliaires.

(4) Fils de Bernard Ier de Jambes et de Sibille de Montenoy ; seigneur de Fauguernon et de Montsoreau ; chevalier, conseiller et premier maître d'hôtel du roi, gouverneur de La Rochelle et capitaine de Talmont-sur-Gironde ; ambassadeur à Rome et à Constantinople ; marié, par contrat du 17 mars 1445, à Jeanne Chabot, fille de Thibaut IV Chabot, seigneur de la Grève, et de Brunissende d'Argenton.

Dessin. — Ecu au lion couronné accompagné de fleurs de lys en orle ; penché, timbré d'un heaume à lambrequins cimé d'une tête de cheval et portant suspendu à une chaîne une sorte de barillet.

(*Clairambault*, n° 4840).

N° **85**   LE MÊME.

1451.

Rond, 35ᵐᵐ. — Quittance de ses gages comme capitaine de Talmont-sur-Gironde (11 septembre 1451).

Légende. — seel......

Dessin. — Ecu aux armes, penché, timbré d'un heaume cimé d'une tête de lion entre deux rameaux et accompagné de lambrequins.

(Bibliothèque nationale, Mss. Pièces originales, Chambes).

N° **86**   LE MÊME.

1458.

Rond, 40ᵐᵐ. — Quittance de pension (14 août 1458).

Légende. — S de mess'e iehan d.....bes S de monssoreau

(Seel de messire Jehan de Jambes, sire de Monssoreau).

Dessin. — Variété du type de 1448.

(*Clairambault*, n° 4841).

N° **87**   LE MÊME.

1459.

Rond, 44ᵐᵐ. — Quittance de gages de l'office de capitaine (2 juillet 1459).

Légende. — S de messe iehan de iambes S de monssoreau

(Seel de messire Jehan de Jambes, sire de Monssoreau).

Dessin. — Variété du type de 1448.

(*Clairambault*, n° 4842).

N° **88**   JAMBES (PIERRE DE) [1].

1449.

Rond, 26ᵐᵐ. — Quittance du 4 octobre 1449.

Légende. — .... **De iambes.**

Dessin. — Ecu aux armes, penché, timbré d'un heaume cimé de...

(Bibliothèque nationale, Mss. Pièces originales, Chambes).

N° **89**   LE MÊME.

1450.

Rond, 34ᵐᵐ. — Quittance du 12 septembre 1450.

Légende. — **seel pierre** (un rameau) **De .....**

Dessin. — Ecu aux armes, penché, timbré d'un heaume cimé d'une tête de lion et accompagné
de rinceaux et de feuilles à trois lobes.

(Bibliothèque nationale, Mss. Pièces originales, Chambes).

N° **90**   JAMBES (JEAN III DE) [2].

1478.

Rond, 40ᵐᵐ. — Quittance de pension (1ᵉʳ juin 1478).

Légende. — **Seel iehan De iambes ....eau**

(Seel Jehan de Jambes, sire de Monssoreau).

Dessin. — Ecu droit aux armes.

(Bibliothèque nationale, Mss. Pièces originales, Chambes).

------

(1) Ecuyer, panetier du roi et garde pour lui des salines de la Vernède.

(2) Fils de Jean II de Chambes et de Jeanne Chabot ; conseiller et chambellan du roi ; marié à Marie de Châteaubriand, fille de René de
Châteaubriand et d'Hélène d'Estouteville.

N° **91** JAMBES (JEANNE CHABOT, ÉPOUSE OU VEUVE

DE JEAN DE) (1).

1480.

Rond, 46ᵐᵐ. — Quittance de pension donnée par Jeanne Chabot, dame de Monsoreau (31 décembre 1480).

Légende détruite.

Dessin. — Ecu en bannière parti : au 1, un demi-lion couronné accompagné à dextre de trois (?) fleurs de lys (Jambes) ; au 2, un chabot et demi, pour trois chabots (Chabot) ; entouré de quatre rameaux.

(*Clairambault*, n° 2444).

N° **92** JAMBES (JEANNE DE).

XVᵉ SIÈCLE.

Rond, 47ᵐᵐ.

Légende. — ſeel . de. iehanne de iambes . dame . du . luguet

Dessin. — Ecu carré parti : au premier, coupé : au 1, un fascé de six pièces ; au 2, un écartelé de plein équi-pollé de quatre points, à l'orle de huit fleurs de lys ; au deuxième, un lion rampant sur champ semé de fleurs de lys (Jambes). (Chalençon)

(Archives nationales. *Inventaire Douët d'Arcq*, n° 2476).

N° **93** JAY (2) (JEAN) (3),

CHEVALIER.

1548-1553.

Rond, 26ᵐᵐ. — Quittance de gages ou de pension (dernier novembre 1548, 29 janvier 1551, 15 août 1553).

Sans légende.

---

(1) Voir la notice du numéro 83.

(2) La famille Jay possédait, dès le commencement du XIVᵉ siècle, les seigneuries de Montonneau et de Chatelard (aujourd'hui communes de Montonneau et de Saint-Front, canton de Mansle, arrondissement de Ruffec), ainsi qu'il résulte d'un dénombrement au profit du seigneur de Verteuil, en 1315. Jean Jay portait le titre de seigneur de Bois-Seguin en Poitou ; des notes généalogiques conservées au dossier Jay des Pièces originales indiquent les seigneurs de Bois-Seguin comme appartenant à la même famille que ceux de Montonneau et de Chatelard, sans donner d'ailleurs la descendance ; c'est ce qui paraît démontré en outre par l'identité des armes.

(3) Dans les quittances mentionnées, Jean Jay est qualifié d'abord de commissaire extraordinaire des guerres, et ensuite de lieutenant de 50 lances ; il fut plus tard (voir le n° suivant) gouverneur et lieutenant pour le roi en Poitou, en l'absence du comte du Lude. Il fut aussi chambellan du roi Henri III.

Dessin. — Ecu à trois fasces ondées [1] , timbré d'un heaume, sur champ de rinceaux [2].

(*Clairambault*, n° 4863. — Bibliothèque nationale. Mss. Pièces originales, Jay. — Michon, p. 82 et pl. VIII, n° 54.)

N° **94**

LE MÊME.

1561-1575.

Ovale, 24^{mm} sur 21. — Quittance d'une somme de 2,000 livres qu'il a plu au roi lui ordonner sur les 40,000 livres qu'il a promis livrer aux habitants de Poitiers pour acquitter ladite ville de plusieurs dettes (dernier novembre 1561). — Autres quittances données par Jean Jay, chevalier de l'ordre, gouverneur et lieutenant-général pour le roi en Poitou en l'absence du comte du Lude (7 janvier 1575 et autres dates).

Sans légende.

Dessin. — Ecu à trois vivres ou fasces vivrées, celle du milieu brisée [3]. Collier de l'ordre de Saint-Michel.

(Bibliothèque nationale, Mss. Pièces originales, Jay).

N° **95**

JUILLAC [4] (ARMAND DE),

CHEVALIER.

1256.

Rond, 35^{mm}.

Légende. — S'. ARMAT. D' IVLIAC. MIL'

(Sigillum Armanti de Juliaco, militis).

Dessin. — Un plain sous un chef chargé de trois oiseaux de profil à droite.

(Archives nationales. *Inventaire Douët d'Arcq*, n° 2506).

---

(1) D'argent, à trois fasces ondées de gueules, celle du milieu brisée. Nadaud (*Nobiliaire*, t. II, p. 447) dit : fascé ondé d'argent et de gueules ; mais cette variante n'est pas conforme au dessin du sceau.

(2) Nous reproduisons la description de M. Demay, mais les rinceaux nous paraissent être en réalité les lambrequins du heaume.

(3) Le *vivré* est très nettement figuré sur le dessin de ce sceau, de même que l'*ondé* dans le précédent.

(4) Juillac en Saintonge, probablement Juillac-le-Coq, aujourd'hui commune du canton de Segonzac, arrondissement de Cognac.

N° **96**   JUILLAC (SÉGUIN DE),

CHEVALIER.

1256.

Rond, 30^{mm}.

Légende. — † : S' : SEGVI DE GVLHAC

(Seel Seguin de Gulhac).

Dessin. — Un plain sous un chef chargé de trois aiglettes.

(Archives nationales. *Inventaire Douët d'Arcq*, n° 2508).

N° **97**   JUILLAC (GIRARD DE),

CHEVALIER.

1323.

Rond, 28^{mm}.

Légende. — ..IRART . DE IVLH..

(Girart de Julhac).

Dessin. — Une aigle éployée à deux têtes.

(Archives nationales. *Inventaire Douët d'Arcq*, n° 2507).

N° **98**   LA ROCHE-ANDRY [1] (EBLE DE).

1349.

Rond, 20^{mm}. — Quittance de 30 livres à lui données par Guy de Nesle, maréchal de France, capitaine en Saintonge (Niort, 28 octobre 1349).

Légende détruite.

Dessin. — Ecu losangé [2] à deux tierces brochant.

(*Clairambault*, n° 7792).

---

[1] Ou La Roche-Chandry, commune de Mouthiers, canton de Blanzac, arrondissement d'Angoulême.
[2] Losangé de losanges de gueules et de losanges bandés d'argent et d'azur de quatre pièces.

N° 99   LA ROCHE-ANDRY (HUBLET DE),

ÉCUYER.

1386.

Rond, 22ᵐᵐ. — Quittance de gages pour les guerres de Guienne (Tours, 19 octobre 1386).
Légende détruite.

Dessin. — Ecu losangé dans un encadrement gothique.

(*Clairambault*, n° 7793).

N° 100   LA ROCHE-ANDRY (PHILIPPON DE),

ÉCUYER.

1418.

Rond, 25ᵐᵐ. — Quittance de gages pour la poursuite des Anglais (Chinon, 30 octobre 1418).

Légende. — 𝔖𝔢𝔢𝔩 𝔭𝔥𝔬𝔫 𝔡𝔢 𝔩𝔞 𝔯𝔬𝔠𝔥𝔢

(Seel Philippon de La Roche).

Dessin. — Ecu losangé au franc-canton.

(*Clairambault*, n° 7794).

N° 101   LA ROCHE [1] (GUILLAUME DE),

CHEVALIER.

1289.

Rond, 50ᵐᵐ. — Procuration au sujet d'une somme due par le comte d'Artois (4 novembre 1289).

Légende. — S' GV.... DE : RVPE : MILITIS

(Sigillum Guidonis de Rupe, militis).

Dessin. — Ecu portant sept losanges burelés, 3, 3 et 1, accosté de deux chimères.

(Archives du Pas-de-Calais. — Demay, *Inventaire des sceaux de l'Artois et de la Picardie*, n° 591).

---

[1] Ce sceau et les deux suivants se rapportent aux seigneurs de La Roche-Beaucourt, châtellenie qui était située partie en Angoumois, partie en Périgord.

N° **102**   LA ROCHE (GUILLAUME DE).

1317.

Rond, 45^{mm}. — Procuration donnée par Guillaume de La Roche, damoiseau, seigneur de Jonzac, pour assister aux États de 1317 (le vendredi avant la Saint-Georges, 1317).

Légende détruite.

Dessin. — Losangé (de gueules et d'argent, *aliàs* d'argent, à neuf losanges de gueules, 3, 3 et 3).

Contre-Sceau.

Légende. — CTS' G : DNI. DE ION....

(Contrasigillum domini de Jonziaco).

Dessin. — Dans le champ, un donjon, et sur son enceinte, deux oiseaux (?).

(Archives nationales. *Inventaire Douët d'Arcq*, n° 3406).

N° **103**   LA ROCHE-BEAUCOURT (JEAN DE).

1596-1597.

Ovale, 23^{mm} sur 17. — Quittances données par Jean de La Roche-Beaucourt, sieur de Saint-Mesmes, Landes et Goudeville, gouverneur pour le roi en la ville et ressort de Saint-Jean-d'Angély (4 février 1596, 14 janvier 1597).

Sans légende.

Dessin. — Ecu droit losangé. Un fleuron au-dessus de l'écu. Bordure d'oves.

(Bibliothèque nationale, Mss. Pièces originales, Roche-Beaucourt).

N° **104**   LA ROCHEFOUCAULD [1] (HUGUES DE).

Voir ci-après, VII° série (EVÊQUES D'ANGOULÊME).

---

[1] Aujourd'hui chef-lieu de canton, arrondissement d'Angoulême.

N° **105**   LA ROCHEFOUCAULD (ÉTIENNE DE) [1].

1157.

Ogival, 55ᵐᵐ.

Légende. — † SIGILLVM STEFANI REDONENSIS EPI

(Sigillum Stefani, Redonensis episcopi).

Dessin. — Evêque debout, vu de face. mitré d'une mitre cornue, crossé et bénissant (gravure barbare).

(Bibliothèque nationale. *Inventaire Douët d'Arcq*, n° 6829).

N° **106**   LE MÊME.

1162.

Ovale, 70ᵐᵐ.

Légende. — † SIGILLVM STEPHANI REDONENSIS EPISCOPI.

Dessin. — Comme le sceau précédent.

(Archives nationales. *Inventaire Douët d'Arcq*, n° 6830).

N° **107**   LA ROCHEFOUCAULD (FOULQUE DE).

Voir ci-après, VII° série (Evêques d'Angoulême).

N° **108**   LA ROCHEFOUCAULD (GUY DE) [2],

SEIGNEUR DU LIEU.

1282.

Rond, 65ᵐᵐ. — Testament de Guy de La Rochefoucauld (1282).

Légende. — † S GVIDONIS DNI DE RVPE FVLCAVDI

(Sigillum Guidonis, domini de Rupe-Fulcaudi).

---

[1] Non mentionné dans les généalogies. Le *Gallia christiana*, dans l'article relatif aux évêques de Rennes (t. XIV, col. 749) ne cite pas le nom patronymique, mais il dit qu'avant d'être promu à l'évêché de Rennes (1136), Etienne était abbé de Saint-Florent de Saumur ; or dans l'article concernant l'abbaye de Saint-Florent, le *Gallia* s'exprime ainsi : « *Stephanus de Rupe Fulcaudi è priori claustrali dein abbas electus est. Antequàm vero consecratur, salutatur episcopus Redonensis.* » Mort en 1166.

[2] Fils de Guy VI de La Rochefoucauld et d'Agnès de Rochechouart ; mort sans alliance.

Dessin. — Un cavalier portant un faucon sur la main droite, se dirigeant vers sénestre. Une fleur de lys sous la tête du cheval.

Revers.

Même légende.

Dessin. — Ecu burelé à trois chevrons (1), accompagnés de trois fleurs de lys.

(D'après une figure imprimée sur une pancarte généalogique. Bibliothèque nationale, Mss. Pièces originales. La Rochefoucauld).

N° **109**   LA ROCHEFOUCAULD
(DAUPHINE DE LA TOUR, ÉPOUSE D'AIMERY II DE) [2].

1297.

Ogival, 60ᵐᵐ sur 35. — Testament daté de 1297.

Légende. — S DELPHINE DE TRE DNE DE RVPE FVLCAVD

(Sigillum Delphine de Turre, domine de Rupe-Fulcaudi).

Dessin. — Une dame debout, entre deux écussons, celui de dextre aux armes de La Rochefoucauld, celui de sénestre aux armes de La Tour (d'azur, semé de fleurs de lys d'or, à la tour d'argent).

Contre-Sceau.

Rond, 21ᵐᵐ.

Légende. — SECRETVM MEVM.

Dessin. — Ecu parti : au 1, de La Tour ; au 2, de La Rochefoucauld.

(D'après une figure imprimée sur une pancarte généalogique. Bibliothèque nationale, Mss. Pièces originales, La Rochefoucauld).

N° **110**   LA ROCHEFOUCAULD (AIMERY SIRE DE) [3],

CHEVALIER.

1349.

Rond, 30ᵐᵐ. — Prise de possession, au nom du roi, du château de La Roche-Beaucourt en Angoumois (Paris, 5 septembre 1349).

---

(1) Burelé d'argent et d'azur, à trois chevrons de gueules, le premier écimé. Cette particularité du chevron écimé provient peut-être de ce que dans la représentation des armes, le chevron supérieur était assez souvent écimé ou même brisé par suite du défaut d'espace : c'est ce qu'on a occasion de constater en examinant les sceaux de cette illustre maison.

(2) Fille de Bernard de La Tour et d'Yolande de.... ; mariée en 1280 à Aimery II, seigneur de La Rochefoucauld, Marthon, Blanzac, Bayers, etc., fils de Guy VI de La Rochefoucauld et d'Agnès de Rochechouart.

(3) Aimery III, fils de Guy VII, seigneur de La Rochefoucauld, Blanzac, Marthon, Cellefroin et Bayers, et d'Agnès de Culant ; capitaine de Beaucaire, capitaine-général ès-parties de Languedoc, Agenais et Toulouse ; marié 1° à Marguerite de Barbezieux, fille de Vivien seigneur de Barbezieux ; 2° à Rogette de Grailly, fille de Pierre seigneur de Grailly, vicomte de Benauges, et de Rosemburge de Périgord ; mort le 16 septembre 1362.

Légende détruite.

Dessin. — Ecu burelé à trois chevrons brochant, penché, timbré d'un heaume cimé de ...., supporté par deux hommes sauvages. Dans le champ, deux tiges fleuries.

(Clairambault, n° 7848).

N° 111   LA ROCHEFOUCAULD (FRANÇOIS COMTE DE).

1355.

Rond, 15ᵐᵐ. — Quittance de gages comme lieutenant de la compagnie de Lorraine (27 janvier 1355, n. st.).

Sans légende.

Dessin. — Ecu burelé à trois chevrons brochant.

(Clairambault, n° 7854).

N° 112   LA ROCHEFOUCAULD (GEOFFROI DE) [1],

CHEVALIER.

1383.

Rond, 32ᵐᵐ. — Quittance de gages pour la chevauchée de Bourbourg (15 septembre 1383).

Légende. — ...EFFROY .... ROCHE

(Geffroy [de La] Roche).

Dessin. — Ecu burelé à trois chevrons brochant, penché, timbré d'un heaume cimé d'une tête de chèvre, supporté par deux lions, celui de sénestre à tête de femme, sur champ festonné.

(Clairambault, n° 7858).

[1] Fils de Guy de La Rochefoucauld, seigneur de Verteuil ; marié à Agnès de Barbezieux, fille d'Ithier seigneur de Barbezieux et d'Œnor de Sully.

N° **113** LE MÊME,

SIRE DE VERTEUIL [1], CHEVALIER.

1387.

Rond, 30^{mm}. — Quittance de gages pour les guerres de Guienne (18 juin 1387).

Légende. — S ...FROY D L..... VTVEIL

(Seel Geofroy de La [Roche, seigneur] de Verteuil).

Dessin. — Écu burelé à trois chevrons brochant, penché, timbré d'un heaume cimé d'une tête de chèvre. Dans le champ, deux rameaux.

(Clairambault, n° 7859).

N° **114** LE MÊME.

1387.

Rond, 27^{mm}. — Quittance de gages pour les guerres de Guienne (Tours, 2 juillet 1387).

Légende. — ... FFROY DE LA ROCHE.

(... Geoffroy de La Roche).

Dessin. — Écu burelé à trois chevrons brochant.

(Clairambault, n° 7860).

N° **115** LA ROCHEFOUCAULD (GUY, SEIGNEUR DE) [2].

1383.

Rond, 35^{mm}. — Quittance de gages pour la garde de ses châteaux et forteresses du pays de Guienne (12 décembre 1383).

Légende. — ....GNEUR D. ....OUCAUT

(... seigneur de La Rochefoucaut).

---

(1) Aujourd'hui commune de Verteuil, canton et arrondissement de Ruffec.

(2) Guy VIII, seigneur de La Rochefoucauld, Marthon, Blanzac, Cellefroin, Bayers et Claix ; fils d'Aimery VIII seigneur de La Roche-foucauld et de Rogette de Grailly ; conseiller et chambellan des rois Charles V et Charles VI et du duc de Bourgogne ; marié 1° en 1381 à Jeanne de Luxembourg ; 2° à Marguerite de Craon, fille de Guillaume de Craon, vicomte de Châteaudun, et de Jeanne dame de Montbazon.

Dessin. — Ecu burelé à trois chevrons brochant, suspendu à un arbre portant à sénestre un heaume cimé d'une touffe de plumes de paon et dont le tronc est supporté par deux hommes sauvages.

(*Clairambault*, n° 7861).

N° **116**   LE MÊME.

1388.

Rond, 30ᵐᵐ. — Acte de « Guy, seigneur de La Rochefoucauld, chevalier, chambellan du roy nostre sire et de mons. le duc de Bourgoigne » (Paris, 23 mai 1388).

Légende. — ... LA RO.....

                           (.... **La Rochefoucaut**).

Dessin. — Ecu aux armes, penché, timbré d'un heaume.

(Archives nationales. *Inventaire Douët d'Arcq*, n° 255).

N° **117**   LA ROCHEFOUCAULD (JEAN DE) [1],

SEIGNEUR DE BARBEZIEUX.

1438.

Rond, 42ᵐᵐ. — Quittance délivrée au receveur de l'aide en Saintonge (24 février 1438, n. st.).

Légende fruste.

Dessin. — Ecu burelé, à trois chevrons brochant, penché, timbré d'un heaume, supporté par deux hommes sauvages.

(*Clairambault*, n° 7862).

---

(1) Fils de Guy de La Rochefoucauld, seigneur de Verteuil et de Barbezieux, et de Rosine de Montant ; écuyer d'écurie du roi, sénéchal de Poitou ; marié à Jeanne Sanglier, fille de Guillaume Sanglier, seigneur de Bizay et Bournan, et de Jeanne de Rougemont.

N° **118**   LA ROCHEFOUCAULD (CHARLES DE) [1],

SEIGNEUR DE BARBEZIEUX.

1544.

Sceau rond, 40ᵐᵐ. — Quittance de gages de grand sénéchal de Guienne (13 décembre 1544).

Légende. — .... DE . LA ROCHEFO. ... .. BEZI.....

(... de La Rochefoucauld, [seigneur de] Barbezieux).

Dessin. — Ecu écartelé : aux 1 et 4, à trois fasces, à trois chevrons brochant ; aux 2 et 3, un écusson en abîme (d'or, à l'écusson d'azur, qui est Barbezieux) ; sur le tout, un écusson à deux vaches passant l'une sur l'autre (d'or, à deux vaches passantes de gueules, colletées et clarinées d'azur).

(*Clairambault*, n° 7850).

N° **119**   LE MÊME.

1564.

Rond, 22ᵐᵐ. — Quittance de gages de l'office de capitaine (18 décembre 1564).

Sans légende.

Dessin. — Ecu écartelé : aux 1 et 4, à trois fasces, à trois chevrons brochant (La Rochefoucauld) ; aux 2 et 3, à un écusson en abîme (Barbezieux) ; sur le tout, un écusson chargé de deux vaches passantes l'une sur l'autre.

(*Clairambault*, n° 7853).

N° **120**   LA ROCHEFOUCAULD (FRANÇOIS DE) [2],

SEIGNEUR DU LIEU.

1551.

Rond, 45ᵐᵐ. — Acte de foi et hommage rendu à François de La Rochefoucauld, chevalier, seigneur de La Rochefoucauld, Barbezieux, Marthon, Cellefroin, Montignac, Blanzac, Montendre, Mont-

---

[1] Fils d'Antoine de La Rochefoucauld et d'Antoinette d'Amboise ; gentilhomme de la chambre, capitaine de 50 hommes d'armes, gouverneur de l'Ile-de-France en 1532, gouverneur de Paris en 1533, lieutenant-général de Champagne et de Brie en 1568, grand sénéchal de Guienne ; chevalier de l'ordre le 31 décembre 1578 ; marié à Françoise Chabot, fille de Philippe Chabot, comte de Buzançais, et de Françoise de Longwy ; mort le 15 juin 1583.

[2] François III, fils de François II de La Rochefoucauld et d'Anne de Polignac ; gouverneur et lieutenant-général de Champagne, lieutenant de la compagnie des gendarmes du duc de Lorraine, chevalier de l'ordre ; marié 1° en 1552, à Silvie Pic de La Mirandole, fille de Galéas Pic, prince de La Mirandole, et d'Hippolyte de Gonzague ; 2° par contrat du 31 mai 1557, à Charlotte de Roye, fille de Charles de Roye, comte de Roucy, et de Madeleine de Noailles ; mort le 24 août 1572.

guyon, Saint-Laurens, Sainte-Joline, l'Isle et Vif, par Antoine du Fouilloux, au nom de Jeanne de La Rochefoucauld, sa mère, pour la châtellenie de Chastenet relevant de la baronnie de La Rochefoucauld (13 février 1551).

La légende n'est pas reproduite.

Dessin. — Ecu burelé à trois chevrons, penché, timbré d'un heaume. Supports, deux sauvages armés de massues.

Contre-Sceau.

Rond, 34mm.

La légende n'est pas reproduite.

Dessin. — Ecu aux armes.

(D'après un croquis à la Bibliothèque nationale, Mss. Pièces originales, La Rochefoucauld, t. 2518).

N° **121**   LE MÊME,

COMTE DE LA ROCHEFOUCAULD.

1564.

Ovale, 35mm. — Quittance de gages comme capitaine de 30 lances (29 novembre 1564).

Sans légende.

Dessin. — Ecu burelé à trois chevrons brochant, timbré d'une couronne, entouré du collier de Saint-Michel.

(*Clairambault*, n° 7856).

N° **122**   LA ROCHEFOUCAULD (FRANÇOIS DE)[1].

1558.

Rond, 19mm. — Quittance de gages comme guidon de 40 lances sous Mgr de La Fayette (Ussel, 15 juillet 1558).

Sans légende.

Dessin. — Ecu écartelé : aux 1 et 4, à trois fasces, à trois chevrons brochant (La Rochefoucauld) ; aux 2 et 3, palé (d'or et de gueules) de six pièces (Amboise) ; sur le tout, un écusson portant trois fasces.

(*Clairambault*, n° 7855).

---

(1) Fils d'Antoine de La Rochefoucauld, seigneur de Barbezieux et de Ravel, et d'Antoinette d'Amboise ; seigneur de Ravel ; l'un des cent gentilshommes de la maison du roi en 1549 ; marié à Eléonore de Vienne, fille de François de Vienne, seigneur de Ruffey, et de Guillemette de Luxembourg-Brienne.

N° **123** LA ROCHEFOUCAULD (CHARLES DE) [1].

1560.

Rond, 22^mm. — Quittance de gages donnée par Charles de La Rochefoucauld, chevalier, sire de Randan, capitaine de 30 lances (28 juillet 1560).

Sans légende.

Dessin. — Ecu burelé à trois chevrons brochant, dans une couronne de feuillage.

(*Clairambault*, n° 7851).

N° **124** LE MÊME.

1561.

Ovale, 40^mm. — Quittance de gages de l'office de capitaine, donnée par Charles de La Rochefoucauld, sire de Randan, chevalier de l'ordre, capitaine de 30 lances (14 août 1561).

Sans légende.

Dessin. — Ecu burelé au chevron brochant, entouré du collier de Saint-Michel.

(*Clairambault*, n° 7852).

N° **125** LA ROCHEFOUCAULD (FRANÇOIS DE) [2].

1565.

Rond, 22^mm. — Quittance de gages comme lieutenant de 30 lances sous Mgr de La Fayette (26 février 1565, n. st.).

Sans légende.

Dessin. — Ecu écartelé : aux 1 et 4, à trois fasces, à trois chevrons brochant (La Rochefoucauld) ; aux 2 et 3, palé (d'argent et d'azur) de six pièces (Estissac).

(*Clairambault*, n° 7857).

---

[1] Né vers 1523 ; fils de François II comte de La Rochefoucauld et d'Anne de Polignac, dame de Randan ; capitaine de 50 hommes d'armes des ordonnances du roi, colonel-général de l'infanterie française, ambassadeur en Angleterre ; marié à Fulvie Pic de La Mirandole, fille de Galéas Pic, prince de La Mirandole, et d'Hippolyte de Gonzague ; mort le 4 novembre 1562.

[2] Probablement François IV, fils de François III comte de La Rochefoucauld et de Silvie Pic de la Mirandole ; conseiller du roi en ses conseils, capitaine de 50 hommes d'armes ; marié le 27 septembre 1587 à Claude d'Estissac, fille de Louis baron d'Estissac et de Louise de La Béraudière.

N° **126**   LA ROCHEFOUCAULD (ANTOINE DE) [1].

1566.

Signet rond, 20mm. — Quittance de gages donnée par Antoine de La Rochefoucauld, seigneur de Chaumont, lieutenant de 30 lances sous le comte de La Rochefoucauld (29 mai 1566).

Sans légende.

Dessin. — Ecu écartelé : aux 1 et 4, burelé, à trois chevrons brochant ; aux 2 et 3, palé de six pièces (Amboise) ; sur le tout, un écusson au dauphin (d'or, au dauphin pâmé d'azur) [2].

(*Clairambault*, n° 7849).

N° **127**   LA ROCHEFOUCAULD (JEAN DE) [3].

1567.

Ovale, 22mm sur 17. — Quittance de gages donnée par N. de La Rochefoucauld, maître de la chapelle de la musique du roi (20 janvier 1567).

Sans légende.

Dessin. — Ecu aux armes, cimé d'un fleuron.

(Bibliothèque nationale, Mss. Pièces originales, La Rochefoucauld, t. 2517).

N° **128**   LE MÊME.

1578.

Rond, 19mm. — Quittance de gages donnée par Jean de La Rochefoucauld, abbé de « Marremoustier », maître de la chapelle de la musique du roi (22 mai 1578).

Sans légende.

Dessin. — Ecu aux armes, accosté de palmettes.

(Bibliothèque nationale, Mss. Pièces originales, La Rochefoucauld, t. 2517).

(1) Fils d'Antoine Ier de La Rochefoucauld et d'Antoinette d'Amboise ; chambellan du roi, chevalier de l'ordre ; marié le 7 octobre 1552 à Cécile de Montmirail, fille d'Etienne de Montmirail, seigneur de Chambourcy, et de Louise de Selves.

(2) Antoinette d'Amboise, mère d'Antoine de La Rochefoucauld, était fille de Françoise Dauphine.

(3) Le prénom n'est pas indiqué, mais l'attribution ne saurait faire doute : il s'agit de Jean de La Rochefoucauld, fils de François II comte de La Rochefoucauld et d'Anne de Polignac ; seigneur de Blanzac ; abbé de Marmoutier, Villeloin et Cormery, maître de chapelle du roi ; mort en 1583. — Voir le numéro suivant.

N° **129**   LA ROCHEFOUCAULD (JEAN-LOUIS DE) [1].

1580.

Ovale, 22mm. — Quittance d'une somme allouée par les Etats de la Basse-Auvergne (Randan, 28 décembre 1580).

Sans légende.

Dessin. — Ecu burelé, à trois chevrons brochant, timbré d'une couronne.

(*Clairambault*, n° 7863).

N° **130**   LA ROCHEFOUCAULD (LOUIS DE) [2].

XVIe siècle [3].

Rond, 30mm.

Légende. — S. LOUIS S. DE LA ROCHEFOUQUAULT

(Seel Louis, seigneur de La Rochefouquault).

Dessin. — Ecu burelé à trois chevrons brisés.

(Matrice au musée de Poitiers ; n° 6950 du catalogue intitulé *Notice des tableaux, ... composant les collections de la ville de Poitiers*, par M. Brouillet, IIe partie).

N° **131**   LA TOUR BLANCHE [4] PIERRE DE) [5],

DAMOISEAU.

XIVe siècle.

Rond, 44mm. — Matrice plate munie d'un appendice percé d'un trou.

Légende. — S : PETRI : DE : TURE : ALBA : DOMICELLI

(Sigillum Petri de Turre-Albâ, domicelli).

(1) Fils de Charles de La Rochefoucauld, sire de Randan, et de Fulvie Pic de La Mirandole ; comte de Randan ; gouverneur d'Auvergne, capitaine de cent hommes d'armes des ordonnances du roi, chevalier de l'ordre : marié à Isabelle de La Rochefoucauld, fille de François III comte de La Rochefoucauld et de Charlotte de Roye ; mort le 10 mars 1590.

(2) Probablement Louis de La Rochefoucauld, seigneur de Montendre, fils de François Ier comte de La Rochefoucauld et de Louise de Crussol ; chevalier de l'ordre ; marié par contrat du 8 février 1534 à Jacquette de Mortemer, fille de François de Mortemer seigneur d'Ozillac, et de Françoise d'Aydie.

(3) Le catalogue du Musée de Poitiers indique le XVe siècle ; nous pensons qu'il s'agit du XVIe.

(4) Aujourd'hui commune de la Tour-Blanche, canton de Verteillac, arrondissement de Ribérac (Dordogne) ; autrefois châtellenie dépendant de l'Angoumois, quoique enclavée dans le Périgord.

(5) Probablement Pierre de La Tour-Blanche, damoiseau, seigneur du lieu, marié 1e à Marie Panet ; 2e à Seberane de Saint-Astier ; testa le 22 novembre 1336.

Dessin. — Dans un quadrilobe gothique et orné de fleurons, un écu à la porte donjonnée de trois pièces (de gueules, à la tour maçonnée d'argent).

(Musée de Périgueux ; provenant de la collection Charvet. — Voir la *Description des collections de sceaux-matrices de M. E. Dongé,* par I. Charvet, Paris 1873, n° 250).

N° **132**   LA TOUR [1] (PIERRE DE) [2],

CHEVALIER.

1340.

Rond, 22^{mm}. — Quittance de gages pour services de guerre, délivrée au receveur de Saintonge (15 mai 1340).

Légende détruite.

Dessin. — Ecu portant un château, penché, timbré d'un heaume de face couronné et cimé d'un château entre deux cols de cygne.

(*Clairambault,* n° 8829).

N° **133**   LE MÊME.

1346.

Rond, 22^{mm}. — Quittance de 300 florins d'or à lui donnés par le duc de Normandie (Port-Ste-Marie, près Aiguillon, 11 août 1346).

Légende. — .... RE ... LES ....

(Pierre .... les ?)....

Dessin. — Ecu à la tour, penché, timbré d'un heaume de face à volet cimé d'un vol aux armes, sur champ réticulé.

(*Clairambault,* n° 8872).

---

[1] Ce sceau et les quatre suivants se rapportent vraisemblablement aux seigneurs de La Tour-Blanche.

[2] Probablement fils de Pierre de La Tour, seigneur de La Tour-Blanche, et de Marie Panet ; marié 1° en 1345, à Comtesse d'Agenac ; (Marie de La Tour.

N° **134**   LA TOUR (PIERRE SIRE DE),

CHEVALIER.

1354.

Rond, 24^{mm}. — Quittance de gages pour les guerres de Limousin (Limoges, 22 août 1354).

Légende. — .... .IERRE DE LA TOVR CHR

([Seel] Pierre de La Tour, chevalier).

Dessin. — Ecu à la tour, penché, timbré d'un heaume cimé d'une tête de lion dans un vol, supporté par deux aigles.

(*Clairambault*, n° 8973).

N° **135**   LA TOUR (GUILLAUME DE) [1],

CHEVALIER.

1352.

Rond, 21^{mm}. — Quittance de gages pour les guerres d'Angoumois et de Périgord (Verteillac, 15 février 1352).

Légende. — ... ME ...OR

(Guillaume [de La] Tor).

Dessin. — Ecu portant un château, au lambel de cinq pendants, penché, timbré d'un heaume cimé de deux cornes.

Clairambault, n° 8961).

N° **136**   LA TOUR (JEAN DE).

1407.

Rond, 19^{mm}. — Quittance de gages pour les guerres de Guienne (Périgueux, 4 avril 1407).

Légende. — IEHAN DE LA .OVR

(Jehan de La Tour).

Dessin. — Ecu à une tour.

(*Clairambault*, n° 8965).

---

(1) Probablement fils de Pierre de La Tour, seigneur de la Tour-Blanche, et de Marie Panet ; marié à Aremburge.

N° **137**   LOUBERT [1] (JOURDAIN DE) [2].

1328-1342.

Rond, 23mm. — Quittances données par Jourdain de Loubert, sénéchal de Périgord et de Quercy (Duras, 16 juin 1328) ; par le même, gouverneur de la sénéchaussée de Poitou et Limousin (5 juillet 1342) ; par le même, gouverneur et capitaine de Poitou et Limousin [3] (mardi avant la Saint-Micheau [sic] 1342).

Légende. — † S IOR... DE LOUBERS CHL'
(Seel Jordain de Loubers, chevalier).

Dessin. — Dans une rosace gothique, écu à un lion (d'argent, au lion de sable herminé d'or, ou semé de larmes d'or).

(Bibliothèque nationale, Mss. Pièces originales, Loubers. — *Clairambault*, n° 5394).

N° **138**   LUSIGNAN [4] (GUI DE) [5].

1246.

Rond, 52mm. — Testament de Hugues X de Lusignan, comte de La Marche et d'Angoulême (samedi après la Saint-Sixte, 8 août 1246).

Légende. — † S' GVIDONIS : DE : MARCHIA : MILITIS
(Sigillum Guidonis de Marchiâ, militis).

Dessin. — Equestre. Costume de chasse. Même type que celui qui a été décrit ci-dessus pour les comtes d'Angoulême.

Contre-Sceau.

Rond.

Légende. — † SECRETVM GVIDONIS.

Dessin. — Ecu burelé à un rais d'escarboucle brochant sur le tout.

(Archives nationales. *Inventaire Douët d'Arcq*, n° 837).

---

(1) Probablement aujourd'hui commune de ce nom, canton de Saint-Cloud, arrondissement de Confolens. — Il existait trois familles de ce nom, dont chacune avait un blason différent, l'une en Normandie, la deuxième en Saintonge, la troisième en Angoumois (dossier Loubert).

(2) C'est à tort qu'on l'a quelquefois nommé Jourdain de Lubert ; il existait une famille de Lubert, mais les armes n'étaient pas les mêmes. Dans les quittances des pièces originales, le nom est écrit *Loubert*, et quelquefois *Loubere* et *Loubers*.

(3) Il prend aussi, dans quelques-unes des quittances, la qualification de sénéchal de Poitou et de Limousin.

(4) Nous avons cru devoir donner ici les sceaux des membres de la maison de Lusignan, descendants des comtes d'Angoulême. La plupart étaient d'ailleurs possessionnés en Angoumois.

(5) Fils de Hugues X, comte de La Marche et d'Angoulême, et d'Isabelle Taillefer ; reçut en apanage les seigneuries de Cognac, Merpins et Archiac ; mort sans postérité.

N° **139**   LE MÊME,

SEIGNEUR DE COGNAC.

1258.

Rond, 65ᵐᵐ. — Traité de trèves entre la France et l'Angleterre (Paris, mercredi après la quinzaine de Pâques [10 avril] 1258).

Légende. — † ... GVIDONIS : DE : LEZINIACO : DOMINI : DE : ... NPNIACO :

([Sigillum] Guidonis de Leziniaco, domini de Compniaco).

Dessin. — Type de chasse. Personnage à cheval, galopant à droite, tête nue, vêtu de la cotte hardie, tenant de la main droite la bride de son cheval, et de la gauche un petit chien posé sur la croupe du cheval. Derrière la figure, un cor de chasse.

Contre-Sceau.

Légende. — † S' SECRETI. GVIDONIS : DE : LEZINIACO :

(Sigillum secreti Guidonis de Leziniaco).

Dessin. — Ecu burelé, brisé d'un lambel de cinq pendants.

(Archives nationales. *Inventaire Douët d'Arcq*, n° 2638. — Michon, p. 76, et pl. IV, n° 14).

N° **140**   LUSIGNAN (GEOFFROI Iᵉʳ DE) [1].

1246.

Rond, 60ᵐᵐ. — Charte par laquelle Hugues le Brun (Hugues XI de Lusignan), comte d'Angoulême, et Guy et Geoffroi de Lusignan, ses frères, confirment le traité conclu, en 1242, entre Hugues X, leur père, et le roi saint Louis (Pontoise, juin 1246).

Légende. — † S G DE LEZIN MI ... .. LII COMITIS MARCH

(Sigillum Gaufridi de Leziniaco, militis, filii comitis Marchie).

Dessin. — Sceau équestre. Costume de chasse.

Revers.

Légende. — S. G. D. LEZIN. MILITIS. .... TIS MARCHE

(Sigillum Gaufridi de Leziniaco, militis, [filii] comitis Marchie).

Dessin. — Ecu burelé, à un lion rampant brochant sur le tout, brisé d'un lambel de quatre pendants.

(Archives nationales. *Inventaire Douët d'Arcq*, n° 838).

---

[1] Fils de Hugues X de Lusignan, comte de la Marche et d'Angoulême, et d'Isabelle Taillefer ; seigneur de Jarnac, Châteauneuf, Châtel-Archer et Bois-Poivreau ; marié à Jeanne, vicomtesse de Châtellerault ; mort en 1249.

N° **141**   LE MÊME [1].

1248.

Rond, 60^{mm}. — Testament de Hugues X de Lusignan, son père (samedi après la Saint-Sixte, 8 août 1248).

Ce sceau est absolument semblable pour la face au précédent. Quant au revers, on remarque l'absence du lambel. Les deux légendes sont détruites.

(Archives nationales. *Inventaire Douët d'Arcq*, n° 839).

N° **142**   LUSIGNAN (ISABELLE DE) [2].

1261-1299.

Ogival, 68^{mm}. — Provenant des archives de Tours.

Légende. — † S' YSABELLIS : DNE : CREDON ... .. NESCALL' ANDEGACIE
(Sigillum Ysabellis, domine Credonii, senescalle Andegacie).

Dessin. — La dame debout, vue de face, la tête de trois quarts, en robe et manteau, et tenant un oiseau au poing.

Contre-Sceau.

Rond.

Légende. — † CONTRA : S'. DNE : DE CREDONIO
(Contrasigillum domine de Credonio).

Dessin. — L'écu burelé des Lusignan.

(Archives nationales. *Inventaire Douët d'Arcq*, n° 297).

---

(1) Michon décrit (p. 75 et pl. III, fig. 9 *ter* et 9 *quater*) un autre sceau qu'il rapporte au même Geoffroi de Lusignan et qui serait appendu au testament de Hugues X ; mais il paraît évident que cette attribution est erronée. L'*Inventaire Douet d'Arcq*, en effet, mentionne le sceau dont il s'agit (n° 2636) comme étant appendu à une charte de 1225 : d'où il résulte qu'il ne saurait être question de Geoffroi, fils de Hugues X, ce dernier ne s'étant marié qu'en 1217. Les indications de l'*Inventaire* sont si précises qu'il nous paraît difficile de n'en pas tenir compte.

(2) Fille de Hugues X de Lusignan, comte de La Marche et d'Angoulême, et d'Isabelle Taillefer ; mariée 1° à Geoffroy de Rancon ; 2° à Maurice IV de Craon ; sénéchale d'Anjou.

N° **143** LUSIGNAN (MARGUERITE DE) [1].

1267.

Ogival, 70^{mm}.

Légende. — ✝ SIGILLVM MARGARITE VICECOMITISSE THOARCII

Dessin. — La vicomtesse debout, tenant un oiseau au poing ; manteau vairé.

Contre-Sceau.

Légende. — ✝ SECRETVM MARGARITE VICECOM THOARC

(Secretum Margarite, vice-comitisse Thoarcii).

Dessin. — Un écu burelé.

(Archives nationales. *Inventaire Douët d'Arcq,* n° 1091).

N° **144** LUSIGNAN (GEOFFROI II DE) [2],

SEIGNEUR DE JARNAC [3].

1269.

Dimension non indiquée dans l'*Inventaire Douët d'Arcq.* — Charte donnée par Geoffroi de Lezegnen, sire de Jarnac (mai 1269).

Légende. — ✝ S : CERTVM : DNI : GAVFRIDI : DE LE.....

(Sigillum certum domini Gaufridi de Leziniaco).

Dessin. — Un écu burelé, au lion rampant à la queue nouée sur le tout.

Archives nationales. *Inventaire Douët d'Arcq,* n° 2637).

---

(1) Fille de Hugues X de Lusignan, comte de La Marche et d'Angoulême, et d'Isabelle Taillefer : mariée 1° à Raymond, dit le Jeune, comte de Toulouse ; 2° à Aimery VIII vicomte de Thouars ; 3° à Geoffroy de Châteaubriand.

(2) Fils de Geoffroi Ier de Lusignan, sire de Jarnac et de Châteauneuf, et de Jeanne vicomtesse de Châtellerault ; marié à Peronelle de Senlis, comtesse de Dreux ; mort en 1305 sans postérité.

(3) Aujourd'hui chef-lieu de canton, arrondissement de Cognac.

Nº **145**   LUSIGNAN (GUY II DE) [1],

SEIGNEUR DE COGNAC ET DE MERPINS.

1287.

Rond, 65ᵐᵐ. — Acte par lequel *Guido de Leziniaco, dominus de Compnhaco et de Merprisio* [2], donne à son neveu Hugues le Brun, comte de La Marche, l'hommage du seigneur de « Grezimais » (Gresiniac ?), au diocèse de Périgueux (1287).

Légende. — S' GV.... COMMIACO.

(Sigillum Guidonis [de Leziniaco], domini de Commiaco).

Dessin. — Type de chasse. Personnage à cheval, marchant à droite, tête nue, vêtu de la cotte hardie, tenant de la main droite la bride de son cheval, et de la gauche un petit chien porté en croupe. Derrière la figure, un cor de chasse suspendu au cou par un cordon.

Contre-Sceau.

Légende. — † S' SECRETI GVIDONIS DE LEZINIACO

(Sigillum secreti Guidonis de Leziniaco).

Dessin. — Ecu burelé, brisé d'un lambel de cinq pendants.

(Archives nationales. *Inventaire Douët d'Arcq*, nº 2639).

Nº **146**   LUSIGNAN (GUY DE) [3],

SEIGNEUR DU PEYRAT [4].

1308-1309.

Rond, 70ᵐᵐ. — Charte par laquelle Guy cède son château de Frontenay à Philippe le Bel (1308) ; vente faite au roi de tout ce que Guy possédait au grand fief d'Aunis (3 juin 1309).

Légende détruite.

Dessin. — Type de chasse analogue au précédent, avec addition d'une étoile à douze rais et placée dans le champ, sous le ventre du cheval.

---

(1) Fils de Hugues XI et de Yolande de Dreux ; succéda à son oncle Guy Iᵉʳ dans ses seigneuries de Cognac, Merpins et Archiac en 1281 ; mort en 1288, sans postérité.

(2) Ancienne châtellenie, aujourd'hui commune de Merpins, canton et arrondissement de Cognac.

(3) Fils de Hugues XI, comte de La Marche et d'Angoulême, et de Yolande de Dreux.

(4) Dans l'acte des Archives nationales, Guy prend la qualification de seigneur de *Coyec* (Couhé, et non Cognac, comme le dit à tort l'*Inventaire*). Mais il était également seigneur du Peyrat ou Peyrac (aujourd'hui commune de Blanzaguet, canton de Villebois-La-Valette, arrondissement d'Angoulême).

Contre-Sceau.

Légende. — ☩ SIGILLVM SECRETVM.

Dessin. — Ecu burelé brisé de six lions brochant, 3, 2, 1, rangés en orle.

(Michon, p. 77 et pl. IV, n°s 15 et 15 bis. — Ce sceau est évidemment identique à celui que décrit l'*Inventaire Douët d'Arcq* (3) sous le n° 2641).

N° **147**   LUSIGNAN (JEANNE DE)[1].

1309.

Ogival, 65^mm sur 45. — Acte de l'officialité de Paris (le dimanche jour de la fête de la Chaire de Saint-Pierre (1309).

Légende. — ..GILLVM IOH..NE DE GEYNV.....
(Sigillum Johanne de Geynvillâ).

Dessin. — La dame debout, en manteau vairé et tenant un oiseau au poing. A dextre, un écu portant trois broyes en fasce, sous un chef chargé d'un lion issant (d'azur, à trois broyes d'or, au chef d'argent chargé d'un lion issant de gueules, qui est de Joinville) ; à sénestre, l'écu burelé des Lusignan.

Contre-Sceau.

Rond, 22^mm.

Légende. — ☩ S' IOHANNE DE GEYNVILE
(Seel Johanne de Geynville).

Dessin. — Ecu parti de Joinville et de Lusignan.

(Archives nationales. *Inventaire Douët d'Arcq*, n° 850. — Michon, p. 77, et pl.IV, fig. 13 et 13 *bis*).

N° **148**   LUSIGNAN (MARIE DE)[2].

1312.

Ogival, 55^mm. — Appendu à un don de la comtesse Sancerre à ses beaux-frères Thibaut, archevêque de Bourges, et Louis de Sancerre (Meulan, juillet 1312).

Légende fruste.

Dessin. — La comtesse debout dans une niche gothique. Il reste, à dextre, l'écu de Sancerre [3], (d'azur, à la bande d'argent accompagnée de deux cotices d'or potencées et contre-potencées).

(Archives nationales. *Inventaire Douët d'Arcq*, n° 440).

---

(1) Fille de Hugues XII de Lusignan, comte de La Marche et d'Angoulême, et de Jeanne de Fougères; mariée 1° à Pierre de Joinville ; 2° à Bernard Ier sire d'Albret.

(2) Fille de Hugues XII de Lusignan, comte de La Marche et d'Angoulême, et de Jeanne de Fougères ; mariée en décembre 1288 à Etienne II comte de Sancerre, fils de Je. n Ier comte de Sancerre et de Marie Vierzon ; veuve en 1306.

(3) L'écu de Lusignan était probablement à sénestre.

N° **149**   MAREUIL (RAYMOND DE)[1],

SIRE DE VILLEBOIS [2].

1356.

Rond, 25ᵐᵐ. — Quittance de gages donnée par Raymond de Mareuil, sire de Villebois, chevalier, pour les guerres de Saintonge et de Poitou (Paris, 6 décembre 1356).

Légende détruite.

Dessin. — Écu au chef, au lion couronné brochant sur le tout[3], penché, timbré d'un heaume couronné et cimé de ....., supporté par deux lions.

(Clairambault, n° 5523).

N° **150**   LE MÊME.

1362.

Rond, 36ᵐᵐ. — Acte portant vente et quittance du prix, par Guillaume *de Villebovis,* d'une maison et de ses dépendances, à Arnauld de Chau ...., moyennant quatre sous de rente annuelle (26 mars 1362).

Légende. — .... ON DE MAR... ...E DE VILI.....

(Ramon de Mareuil, sire de Villebois).

Dessin. — Écu à un lion.

Contre-Sceau.

Rond, 20ᵐᵐ.

Légende. — CONTRE SEEL.

Dessin. — Écu à un lion.

(Bibliothèque nationale, Mss. Périgord, t 114, f° 74).

---

[1] Fils de Guillaume, sire de Mareuil, et d'Alix de Rochefort : marié à Joyde de Montchaude, dame de Vibrac, fille d'Hugues de Montchaude, chevalier.

[2] Châtellenie et baronnie érigée en duché pairie en 1622, aujourd'hui Villebois-La-Valette, chef-lieu de canton, arrondissement d'Angoulême.

[3] De gueules, au chef d'argent, au lion d'azur lampassé, armé et couronné d'or, brochant sur le tout.

N° **151**   LE MÊME.

1376.

Rond, 32ᵐᵐ. — Quittance de gages pour la garde du château de Villebois au pays d'Angoulême (10 février 1376, n. st.).

Légende. — S RAMO ... ...EIL

(Seel Ramon de Mareil).

Dessin. — Ecu au chef, au lion couronné brochant sur le tout; penché, timbré d'un heaume cimé d'une tête de lion dans un vol, supporté par deux griffons.

(*Clairambault*, n° 5524).

N° **152**   LE MÊME.

1383.

Rond, 89ᵐᵐ. — Quittance de gages pour la chevauchée de Flandre (25 août 1383).

Légende. — R... ..L

(Ramon [de] Mareil).

Dessin. — Ecu au chef, au lion couronné brochant sur le tout, penché, timbré d'un heaume cimé d'une tête de lion dans un vol, supporté par deux griffons.

(*Clairambault*, n° 5525).

N° **153**   MAREUIL (GEOFROY DE) [1],

SEIGNEUR DE VILLEBOIS ET DE VIBRAC [2].

1406.

Rond, 29ᵐᵐ. — Quittance donnée par Guillaume de La Tour (11 novembre 1406).

Légende. — GEFROY DE MAREVL.

Dessin. — Ecu au chef componé, au lion brochant sur le tout, penché, timbré d'une tête de lion dans un vol, supporté par deux griffons.

(*Clairambault*, n° 5720).

---

[1] Fils de Raymond de Mareuil et de Joyde de Montchaude ; conseiller et chambellan du roi ; marié à Anne de La Rochefoucauld.

[2] Aujourd'hui commune de Vibrac, canton de Châteauneuf, arrondissement de Cognac.

N° **154**   MAREUIL (GABRIELLE DE)[1],

DAME DE VILLEBOIS.

1574.

Ovale, 27ᵐᵐ sur 22. — Hommage rendu à Gabrielle de Mareuil par Pierre Janvier (Angoulême, 3 septembre 1574).

Sans légende.

Dessin. — Ecu en losange, parti : au 1, d'Anjou-Mézières (semé de France, au lion d'argent mis en franc-canton, à la barre d'argent brochant sur le tout, à la bordure de gueules) ; au 2, de Mareuil. L'écu entouré d'une cordelière de veuve. Couronne de marquis.

(Bibliothèque nationale, Mss. Périgord, t. 114, f° 79).

N° **155**   MONTALEMBERT[2] (JEAN DE)[3].

1379.

Rond, 23ᵐᵐ. — Quittance de gages pour la garde de la ville de Cognac (15 novembre 1379).

Légende. — ..... **de montlabert.**

Dessin. — Ecu à la croix ancrée (d'argent, à la croix ancrée de sable), penché, timbré d'un heaume cimé d'une tête de chien, sur champ festonné.

(Clairambault, n° 6230).

---

(1) Fille de Guy de Mareuil, baron de Mareuil, seigneur de Villebois, et de Catherine de Clermont ; mariée, par contrat du 29 septembre 1541, à Nicolas d'Anjou, marquis de Mézières, fils de René d'Anjou, marquis de Mézières, et d'Antoinette de Chabannes ; veuve avant septembre 1574 ; morte en 1593.

(2) Aujourd'hui commune de Louzac, canton et arrondissement de Cognac. Dans la cour du château de Montalembert sont placées deux pierres qui marquent la délimitation de l'Angoumois et de la Saintonge.

(3) Fils de Guillaume II de Montalembert, seigneur du lieu, et de Marguerite d'Appelvoisin ; chevalier banneret ; marié 1° à Jeanne de Barrière, dame de Saveilles ; 2° à JeanneHélise dame de Grandzay et de Ferrières ; mort vers 1411.

Nº **156**   LE MÊME.

1387.

Rond, 23ᵐᵐ. — Quittance de gages pour les guerres de Guienne. (Devant le château de Puynau-
don, 24 mai 1387).

Légende détruite.

Dessin. — Ecu à une croix ancrée, penché, timbré d'un heaume cimé d'une tête de chien,
sur champ de cercles ornés de fleurettes.

(*Clairambault,* nº 6231).

Nº **157**   MONTALEMBERT (JEANNE HÉLIE,

VEUVE DE JEAN DE) [1].

1425.

Rond, 24ᵐᵐ. — Quittance d'une recette de La Rochelle (18 novembre 1425).

Légende. — ... **eanne .eli.**

(... Jeanne Hélie.....).

Dessin. — Ecu parti : au 1, un burelé à la fasce fuselée brochant ; au 2, une demi-croix ancrée
(Montalembert).

(*Clairambault,* nº 4591).

Nº **158**   MONTALEMBERT (JEAN DE).

1461-1469.

Ogival, 70ᵐᵐ sur 50. — Bail fait par Jean de Montalembert, prieur de Saint-Martin-des-Champs,
à Jean Guiart, marchand épicier, bourgeois de Paris (dernier avril 1461) ; autre bail du 7 juin 1469.

Légende. — **s fris iohannis de montalembert prioris sci martini de camp...**

(Sigillum fratris Johannis de Montalembert, prioris Sancti-Martini de Campis).

Dessin. — La légende de saint Martin ; au-dessous, un moine priant, accosté de deux écussons
aux armes de Montalembert.

(Bibliothèque nationale, Mss. Pièces originales, Montalembert. — Archives nationales. *Inventaire
Douët d'Arcq,* nº 9570).

---

[1] La généalogie donnée par Saint-Allais (t. XI, p. 418) la nom me, comme on vient de le voir dans la notice de Jean de Montalembert,
Jeanne Hélise, dame de Grandzay et de Ferrières.

N° **159**   MONTALEMBERT (ANDRÉ DE)[1].

1541.

Rond, 29ᵐᵐ. — Quittance de gages (28 janvier 1541, n. st.).
Sans légende.

Dessin. — Ecu à la croix ancrée ajourée en cœur.

(*Clairambault*, n° 6228).

N° **160**   LE MÊME.

1546.

Rond, 27ᵐᵐ. — Quittance de gages (14 juillet 1546).

Sans légende.

Dessin. — Ecu à la croix ancrée ajourée en cœur, timbré d'un heaume. Dans le champ, deux
fleurons.

(*Clairambault*, n° 6229).

N° **161**   LE MÊME.

1550.

Rond, 35ᵐᵐ. — Quittance de gages donnée par André de Montalembert, seigneur de Desse (*sic*),
chevalier de l'ordre et capitaine de 50 lances (6 février 1550, n. st.).

Sans légende.

Dessin. — Ecu aux armes, timbré d'un casque accompagné de lambrequins. Collier de Saint-
Michel.

(Bibliothèque nationale, Mss. Pièces originales, Montalembert. — Michon, p. 82 et pl. VIII, fig. 61).

---

(1) Né en 1483 ; fils de Charles II de Montalembert, seigneur d'Esse, d'Espanvilliers et de la Rivière, et de Charlotte Jay ; lieutenant de
40, puis de 50 lances sous le duc de Montpensier; lieutenant-général, premier gentilhomme de la chambre, chevalier de l'ordre ; marié
le 7 octobre 1540 à Catherine d'Illiers, fille de Jean d'Illiers, seigneur des Adrets, et de Madeleine de Joyeuse ; mort le 12 juin 1553.

N° **162** MONTAUSIER [1] (DROGON DE).

1300.

Rond, 22ᵐᵐ. — Vente de rente faite par *Drogo de Monte-Auzergo* au roi (1300).

Légende. — S' SECRETI MEI.

(Sigillum secreti mei).

Dessin. — Un écu chargé d'un dragon ailé.

(Archives nationales. *Inventaire Douët d'Arcq*, n° 2871).

N° **163** MONTAUSIER (TAILLEFER DE),

CHEVALIER.

1345.

Rond, 19ᵐᵐ. — Quittance de gages pour les guerres de Saintonge (Pons, 24 novembre 1345).

Légende. — ....ILL' TA....).

(Sigillum Taillaferri ....).

Dessin. — Ecu portant trois macles.

(*Clairambault*, n° 6241).

N° **164** MONTBRON (ROBERT DE) [2],

ÉVÊQUE D'ANGOULÊME.

Voir ci-après VII° série (EVÊQUES D'ANGOULÊME).

---

(1) Baronnie d'Angoumois enclavée dans la Saintonge ; aujourd'hui commune de Baignes-Sainte-Radegonde, chef-lieu de canton de l'arrondissement de Barbezieux.

(2) Seigneurie érigée en comté en 1624 ; aujourd'hui chef-lieu de canton, arrondissement d'Angoulême. — Dans les anciens actes, le nom est souvent écrit Montberon, et cette orthographe a été adoptée par le P. Anselme. (t. VII, p. 16) et par La Chesnay-Desbois (t. XIV, p. 109). Elle était d'ailleurs plus conforme, au point de vue étymologique, au nom latin *Monsberulphi*.

N° **165**   MONTBRON (ROBERT DE)[1].

1337.

Rond (fragment), 20 à 25ᵐᵐ environ.

Légende. — .... R' DE MOTBER....

        (Seel Robert de Montberon).

Dessin. — Ecu écartelé : aux 1 et 4, à une molette d'éperon (ou une étoile) ; aux 2 et 3, fascé (d'argent et d'azur), qui est de Montbron.

(Michon, p. 81, et pl. VII, n° 39).

N° **166**   MONTBRON (ROBERT SIRE DE)[2].

1345.

Rond, 22ᵐᵐ. — Quittance de gages pour les guerres de Guienne (Pons, 22 août 1345).

Légende. — ...EVR DE ....ON.

        (...... seigneur de Montberon).

Dessin. — Ecu écartelé : aux 1 et 4, fascé (d'argent et d'azur) de six pièces ; aux 2 et 3, un plain (de gueules plain) ; penché, timbré d'un heaume à volet aux armes et cimé d'un plumail entre deux cornes, dans un quadrilobe.

(Clairambault, n° 6276).

N° **167**   MONTBRON (JACQUES DE)[3],

CHEVALIER.

1376.

Rond, 28ᵐᵐ. — Quittance de gages pour la garde du château de Mareuil en Saintonge (12 août 1376).

Légende détruite.

Dessin. — Ecu écartelé : aux 1 et 4, burelé ; aux 2 et 3, un plain ; penché, timbré d'un heaume couronné et cimé d'un col de cygne dans un vol, supporté par deux lions.

(Clairambault, n° 6266).

---

(1) Robert VI de Montbron, fils de Robert V de Montbron et de Galiène de La Porte ; marié à Yolande de Mastas, fille de Robert seigneur de Mastas et de Marie de Thouars.

(2) Probablement le même que le précédent.

(3) Fils de Robert VI de Montbron et de Yolande de Mastas ; sénéchal d'Angoulême le 9 août 1386 : chambellan du roi et du duc de Bourgogne, maréchal de France ; marié 1° à Marie de Maulevrier, fille de Renaud baron de Maulevrier et de Béatrix de Craon ; 2° en 1248 à Marguerite comtesse de Sancerre, fille de Jean III comte de Sancerre et de Marguerite dame de Marmaude ; mort en 1422.

Nº **168**   LE MÊME.

1379.

Rond, 30ᵐᵐ. — Quittance de gages pour les guerres de Saintonge et d'Angoumois (15 mài 1379). Légende détruite.

Dessin. — Ecu écartelé aux mêmes armes, timbré d'un heaume cimé d'un col de cygne, supporté par deux lions.

(*Clairambault*, nº 6267).

Nº **169**   LE MÊME.

1386.

Rond, 28ᵐᵐ. — Gages de Pons de Beynac, chevalier, pour la garde des forteresses de Guienne (22 mai 1386).

Légende détruite.

Dessin. — Ecu écartelé aux mêmes armes, penché, timbré d'un heaume cimé d'une tête d'homme chevelu et barbu, sur champ réticulé.

(*Clairambault*, nº 6268).

Nº **170**   LE MÊME,

SÉNÉCHAL D'ANGOULÊME.

1387.

Rond, 25ᵐᵐ. — Quittance de gages pour les guerres de Guienne (Tours, 2 juillet 1387).
Légende. — S IAQVE D MONB....

(Seel Jacque de Monberon).

Dessin. — Ecu écartelé aux mêmes armes, penché, timbré d'un heaume couronné et cimé d'un col de cygne dans un vol, supporté par deux lions.

(*Clairambault*, nº 6269).

N° 171

LE MÊME,

CAPITAINE ET SÉNÉCHAL EN ANGOUMOIS.

1389.

Rond, 28ᵐᵐ. — Quittance de gages (29 juillet 1389).

Légende. — .....NEVR D MOBEROV

(...., seigneur de Monberon).

Dessin. — Un sauvage coiffé d'un heaume cimé d'une tête de Sarrasin, tenant un écu écartelé : aux 1 et 4, burelé ; aux 2 et 3, un plain. Dans le champ la lettre A, une étoile et deux rameaux.

(Clairambault, n° 6270).

N° 172

LE MÊME,

SÉNÉCHAL D'ANGOULÊME.

1393.

Rond, 31ᵐᵐ. — Quittance de gages pour les guerres de Guienne (Paris, 17 avril 1393).

Légende. — S IACQS ... MOMBERON

(Seel Jacques [seigneur de] Momberon).

Dessin. — Écu écartelé aux mêmes armes, penché, timbré d'un heaume couronné et cimé d'un col de cygne dans un vol, supporté par deux lions.

Clairambault, n° 6271).

N° 173

LE MÊME.

1423.

Rond, 32ᵐᵐ. — Quittance au sujet de « certaines grosses besongnes secrètes touchans l'onneur du roy » (4 novembre 1423).

Légende. — S IAQUE SIGN... DE MONTBERON.

(Seel Jaque, seigneur de Montberon).

Dess . — Un homme sauvage coiffé d'un heaume, élevant sa massue, couvert d'un écu écartelé aux mêmes armes. Dans le champ, l'initiale M.

(Clairambault, n° 6272).

N° 174   LE MÊME.

FIN DU XIVe OU COMMENCEMENT DU XVe SIÈCLE.

Rond, 65^{mm}.

Légende. — LE : GRANT : SEEL : IAQVES : SEIGNEVR : DE : MONBEROV.

Dessin. — Sur fond losangé (chaque losange chargé d'une rose), un cavalier armé en guerre, le cheval galopant à dextre et caparaçonné aux armes de Montbron ; le cavalier lève de la main droite une épée nue et tient de la main gauche un bouclier aux mêmes armes.

(Matrice acquise par la Société archéologique de la Charente) [1].

N° 175   MONTBRON (MARIE DE MAULEVRIER,

ÉPOUSE DE JACQUES DE) [2].

1391.

Rond, 28^{mm}. — Testament de Marie de Maulevrier.

Légende. — .....IE D. MA... .. MONBEROV

(Marie de Maulevrier, ... [de] Monberon).

Dessin. — Ecu losangé (armes effacées) [3] ; supports, deux lévriers.

(Archives nationales. *Inventaire Douët d'Arcq*, n° 2755. — Michon, p. 81 et pl. VII, n° 41).

N° 176   MONTBRON (LOUIS DE) [4].

1539.

Rond, 22^{mm}. — Quittance de gages donnée par Louis de Montbron, seigneur de Fontaines, capitaine de la compagnie du duc de Longueville (24 septembre 1513).

Sans légende.

Dessin. — Ecu écartelé : aux 1 et 4, à trois fasces ; au 2, à un croissant ; au 3, un plain.

(*Clairambault*, n° 6274).

---

[1] Voir le procès-verbal de la séance du 14 janvier 1874.

[2] Voir ci-dessus la notice relative à Jacques de Montbron.

[3] L'écu était probablement parti de Montbron et de Maulevrier (d'or, au chef de gueules).

[4] Ce sceau se rapporte :

Soit à Louis Ier, fils de François baron de Montbron et de Louise de Clermont ; marié 1° par contrat du 26 février 1458 à Radegonde de Rochechouart, fille de Jean Ier de Rochechouart, seigneur de Mortemart, et de Jeanne de Torsay ; 2° par contrat du 22 avril 1466 à Guyone Mérichon, fille de Jean Mérichon, seigneur du Breuil-Bertin, et de Marie de Parthenay-Soubise ;

Soit à Louis II, fils du précédent et de Radegonde de Rochechouart ;

Soit à Louis, seigneur d'Auzances, fils du même et de Guyone Mérichon.

N° **177**   MONTBRON (ADRIEN DE)[1].

1525.

Rond, 30ᵐᵐ. — Quittance donnée par Adrien de Montbron, seigneur d'Archiac, comme procureur d'Odet de Foix, sénéchal de Guienne (18 mai 1525).

Sans légende.

Dessin. — Ecu droit parti de trois traits, coupé de trois (neuf quartiers) : — au 1, losangé (probablement Mastas) ; — au 2, à deux bars adossés (probablement de gueules, semé de trèfles d'or, à deux bars adossés du même, qui est de Clermont-Nesle) ; — au 3, échiqueté ; — au 4, écartelé (indistinct) ; — au 5 (?), (ce quartier est couvert par l'écusson posé sur le tout) ; — au 6, parti : au 1, coupé d'un burelé et d'un plain (Montbron) ; au 2, à une croix, à un chef plain ; au 7, plain, à un chef d'or, au chef de gueules, qui est de Maulevrier ; — au 8, à un sautoir (probablement Laubespine) ; — au 9, à trois lions (?), 2 et 1.

(Bibliothèque nationale, Mss. Pièces originales, Montberon.)

N° **178**   MONTBRON (CHARLES DE)[2].

1535.

Rond, 32ᵐᵐ. — Quittance de gages donnée par Charles de Montbron, seigneur de Tourvoy, guidon de 80 lances sous le maréchal de La Marck (15 octobre 1535).

Légende. — C DE MONBRON S DE TOVRVOY.

(Charles de Monbron, seigneur de Tourvoy).

Dessin. — Ecu écartelé : aux 1 et 4, fascé de six pièces ; aux 2 et 3, un bâton en barre ; penché, timbré d'un heaume cimé d'un lion issant, supporté par deux lions.

(*Clairambault*, n° 6264).

N° **179**   LE MÊME.

1539.

Rond, 33ᵐᵐ. — Quittance de pension donnée par Charles de Montbron, lieutenant des Cent-Suisses de la garde du roi (14 août 1539).

Légende. — SE... DE ...BRON.

(Seel [Charles] de Montbron).

Dessin. — Ecu écartelé aux mêmes armes, penché, timbré d'un heaume cimé d'une tête de lion, supporté par deux lions.

(*Clairambault*, n° 6265).

---

[1] Fils d'Eustache de Montbron et de Marguerite d'Estuer ; baron d'Archiac, de Mastas et de Thors, capitaine de Blaye ; marié à Marguerite d'Archiac, fille de Jacques seigneur d'Archiac et de Marguerite de Lévis.

[2] «Branche sortie de la maison de Montbron, dont on n'a point trouvé la jonction avec les précédents ». (La Chesnaye-Desbois, art. Montberon).

N° **180**   MONTBRON (ROBERT DE)

1535.

Rond, 35ᵐᵐ. — Quittance de gages donnée par Robert de Montbron, seigneur de Tourvoy, guidon de 80 lances sous le maréchal de La Marck (15 mars 1535, n. st.).

Légende. — R DE MONBRON .... .OVRVOY.

(Robert de Monbron, [seigneur de] Tourvoy).

Dessin. — Ecu écartelé : aux 1 et 4, fascé de six pièces ; aux 2 et 3, un bâton en barre ; penché, timbré d'un heaume cimé d'un lion issant, supporté par deux lions.

(*Clairambault*, n° 6277).

N° **181**   MONTBRON (RENÉ DE)[1].

1557.

Rond, 20ᵐᵐ. — Quittance de gages donnée par René de Montbron, seigneur d'Archiac, guidon de 50 lances sous Mᵍʳ de Sansac (29 juillet 1557).

Sans légende.

Dessin. — Ecu fascé de six pièces.

(*Clairambault*, n° 6275).

N° **182**   MONTBRON (JACQUES DE)[2].

1562.

Rond, 25ᵐᵐ. — Quittance de gages donnée par Jacques de Montbron, seigneur d'Auzances, lieutenant de 30 lances sous Mᵍʳ de Sansac (28 juin 1562).

Sans légende.

Dessin. — Ecu écartelé : aux 1 et 4, à trois fasces ; au 2, à deux bars adossés accompagnés d'un croissant en chef (Clermont-Nesle) ; au 3, un plain ; timbré d'un heaume à lambrequins.

(*Clairambault*, n° 6273).

---

(1) Fils de François de Montbron, seigneur d'Archiac, et de Marie-Jeanne de Montpezat ; marié à Madeleine du Fou, fille de François du Fou, baron de Vigean, et de Louise de Robertet ; mort en 1558.
(2) Fils de Louis de Montbron, seigneur d'Auzances, de Gours et de la Caillière et de Madeleine de Montbron, dame de Montmoreau : lieutenant de 30 lances, écuyer tranchant du roi, chevalier de l'ordre ; baron de Montmoreau.

N° 183   MONTCHAUDE (HUGUES DE)[1].

1337.

Rond, 30ᵐᵐ. — Quittance de gages pour les guerres de Saintonge, donnée par Hugues de Montchaude, chevalier, seigneur d'Augeac [2] (Pons, 30 juillet 1337).

Légende détruite.

Dessin. — Ecu portant cinq barres.

(Clairambault, n° 6286).

N° 184   MONTMORENCY (ANNE DE) [3],

BARON DE MONTBRON [4].

1530.

Rond, 36ᵐᵐ. — Quittances de gages de l'office de capitaine, données par Anne de Montmorency, comte de Beaumont, baron de Montberon et de Fère-en-Tardenois, seigneur de l'Isle-Adam, chevalier, grand-maître et maréchal de France, capitaine de 100 lances, gouverneur et lieutenant-général du roi en Languedoc (28 février 1527, 27 mars 1530, n. st., 6 décembre 1530).

Légende. — ANNE DE MONTMORENCY GRAT Mᵉ ET MARESCHAL DE FRANCE

(Anne de Montmorency, grand-maître et mareschal de France).

Dessin. — Ecu à la croix cantonnée de seize alérions (d'or, à la croix de gueules cantonnée de seize alérions d'azur), timbré d'une couronne et entouré du collier de Saint-Michel.

(Bibliothèque nationale, Mss. Pièces originales, Montmorency, t. 2031, nᵒˢ 64 et 69. — *Clairambault,* n° 6400).

---

(1) Nous ne mentionnons ce sceau qu'avec doute. Il nous semblait probable, au premier abord, qu'il s'agissait de Montchaude, aujourd'hui commune de ce nom, canton et arrondissement de Barbezieux ; mais Michon dit (p. 240) que la seigneurie de Montchaude appartenait, dès le XIIIᵉ siècle, aux Saint-Gelais.

(2) Peut-être Augeac-Champagne, canton de Segonzac, arrondissement de Cognac, ou Augeac-Charente, canton de Châteauneuf, même arrondissement.

(3) Né en 1493, fils de Guillaume de Montmorency et d'Anne Pot, dame de La Roche-Pot ; capitaine-général des Suisses, maréchal de France le 6 août 1522, gouverneur du Languedoc en 1525, grand-maître de France en 1526, connétable le 10 février 1538 ; premier gentilhomme de la chambre, chevalier de l'ordre de Saint-Michel, chevalier de la Jarretière, duc-pair en 1551 ; marié le 10 janvier 1526 à Madeleine de Savoie, fille de René de Savoie, comte de Villars, de Tende et de Vintimille, et d'Anne de Lascaris ; mort le 12 novembre 1567.

(4 Aujourd'hui chef-lieu de canton, arrondissement d'Angoulême.

N° **185**   LE MÊME.

1535.

Rond, 20ᵐᵐ. — Quittance de gages de l'office de capitaine, donnée par Anne, seigneur de Montmo-rency, premier baron, grand-maître et maréchal de France, chevalier de l'ordre, comte de Beau-mont, baron de Montbron (*sic*) et de Fère-en-Tardenois, seigneur de l'Isle-Adam, de Chantilly et d'Ecouen, etc. (15 avril 1535).

Sans légende.

Dessin. — Ecu aux armes, entouré du collier de Saint-Michel.

(Bibliothèque nationale, Mss. Pièces originales, Montmorency, t. 2031, n° 79).

N° **186**   MONTVALLIER [1] (PIERRE DE) [2].

1246.

Ogival, ... ᵐᵐ sur 24 environ. — Reconnaissance de Pierre Songout, sergent, devant maître *P. de Monte-Valerio*, chanoine de Saint-Junien et archiprêtre de Nontron (17 des calendes d'a-vril [16 mars] 1246).

Légende. — ... A...CH....

(.... **archipresbiteri**....).

Dessin. — Personnage debout, en robe longue ; à gauche paraît être la partie inférieure d'un autre personnage placé plus haut. Le dessin ne peut être précisé davantage, la partie supérieure du sceau ayant disparu.

(Archives départementales de la Haute-Vienne, prieuré d'Etricorn, communiqué par M. Louis Guibert' vice-président de la Société historique et archéologique de Limoges).

---

(1) Aujourd'hui commune d'Ansac, canton nord et arrondissement de Confolens.
(2) Chanoine de Saint-Junien en Limousin, archiprêtre de Nontron, alors diocèse de Limoges.

N° **187**   MORTEMER (GUI DE) [1],

SEIGNEUR DE VILLEMENT [2], SALLES [3] ET GENTÉ [4].

1496.

Rond (fragment), 30mm environ. — (1496).

Légende détruite.

Dessin. — Fascé (d'or et d'azur) au lambel ; sur le tout, un écu (d'argent), à la bande (de gueules). La pointe de l'écu repose sur un léopard couché.

(Michon, p. 81 et pl. VII, fig. 40).

N° **188**   PÉRUSSE DES CARS (GAULTIER DE) [5],

BARON DE SAINT-GERMAIN [6].

1510.

Rond, 33mm. — Quittance de gages donnée par Gaulthier des Cars, baron de Saint-Germain, seigneur de La Vauguyon et de Carency, sénéchal de Bourbonnais, capitaine de 25 lances (27 juin 1510).

Légende fruste.

Dessin. — Ecu droit à un pal (de gueules, au pal de vair), surmonté d'une banderole.

(Bibliothèque nationale, Mss. Pièces originales, Escars).

---

(1) Marié vers 1485 à Françoise Bouchard d'Aubeterre.
(2) Moulin seigneurial, aujourd'hui papeterie, commune de Ruelle-sur-Touvre, canton d'Angoulême.
(3) Aujourd'hui commune de Salles d'Angles, canton de Segonzac, arrondissement de Cognac.
(4) Aujourd'hui commune de Genté, même canton.
(5) Fils d'Audoin IV de Pérusse des Cars et d'Hélène de Roquefeuil ; conseiller et chambellan du roi Charles VIII ; sénéchal de Périgord et de la Marche, premier chambellan du duc de Bourbon ; marié, par contrat du 13 décembre 1498, à Marie de Montbron, fille de Louis de Montbron, seigneur de Fontaine-Chalendray, et de Radegonde de Rochechouart-Mortemart.
(6) Aujourd'hui commune de Saint-Germain, canton sud et arrondissement de Confolens.

N° **189** PÉRUSSE DES CARS (FRANÇOIS DE)[1],

BARON DE SAINT-GERMAIN.

1523.

Rond, 32^{mm}. — Quittance de gages de l'office de capitaine (17 mars 1523).

Légende. — franҫois besquars seigneur be la vauiguion.

Dessin. — Ecu portant un pal de vair à la bordure engrêlée (d'argent), qui est de Pérusse des Cars de la branche de La Vauguyon.

(*Clairambault*, n° 1885).

N° **190** PÉRUSSE DES CARS (JEAN DE)[2],

BARON DE SAINT-GERMAIN, SEIGNEUR DE CONFOLENS, DE LOUBERT [3]

ET DE BRILLAC[4].

1556.

Rond, 21^{mm}. — Quittance de gages donnée par Jean des Cars, chevalier, lieutenant de la compagnie du prince de Salerne (28 janvier 1556, n. st.).

Sans légende.

Dessin. — Écu en cartouche écartelé : aux 1 et 4, au pal de vair, à la bordure engrêlée (d'argent), qui est de Pérusse de La Vauguyon ; aux 2 et 3, à trois fleurs de lys, à une bande (d'azur, à trois fleurs de lys d'or, au bâton de gueules péri en bande, chargé de trois lionceaux d'argent, qui est de Bourbon-Vendôme).

(*Clairambault*, n° 1888).

---

(1) Fils de Gaultier de Pérusse des Cars et de Marie de Montbron ; conseiller et chambellan du roi François Ier, gentilhomme ordinaire de sa chambre, capitaine de 50 hommes d'armes de ses ordonnances, chevalier d'honneur et premier écuyer de la reine (Eléonore d'Autriche), maréchal et sénéchal de Bourbonnais, lieutenant-général et commandant pour le roi ès pays de Lyonnais, Dauphiné, Savoie et Piémont ; marié, par contrat du 22 février 1516, à Isabeau de Bourbon, princesse de Carency, fille de Charles de Bourbon, prince de Carency, et de Catherine d'Alègre ; mort en 1550.

(2) Fils de François de Pérusse des Cars, seigneur de La Vauguyon, baron de Saint-Germain, et d'Isabeau de Bourbon, princesse de Carency ; capitaine de cent hommes d'armes, lieutenant-général des armées du roi en Bretagne, maréchal et sénéchal du Bourbonnais : conseiller et chambellan du roi ; chevalier de l'ordre de Saint-Michel (avant août 1559), du Saint-Esprit le 31 août 1578 ; marié, par contrat du 1er octobre 1561, à Aune de Clermont, fille d'Antoine comte de Clermont et de Tonnerre et d'Anne (ou Françoise) de Poitiers ; mort en 1595.

. . (3) Aujourd'hui commune de Loubert, canton de Saint-Claud, arrondissement de Confolens.

' (4) Aujourd'hui commune de Brillac, canton et arrondissement de Confolens.

N° **191** LE MÊME.

1558.

Rond, 45ᵐᵐ. — Quittance de gages de l'office de capitaine (15 décembre 1558).

Légende. — IEHAN DES ...R DE LA VAVGVYON
(Jehan des [Cars], seigneur de La Vauguyon).

Dessin. — Ecu en cartouche écartelé aux mêmes armes.

(*Clairambault*, n° 1889).

N° **192** LE MÊME.

1562.

Ovale, 25ᵐᵐ sur 20. — Quittance donnée au trésorier des guerres par N. (le prénom en blanc) des Cars, sieur de La Vauguyon, chevalier de l'ordre, capitaine de 30 lances (25 janvier 1562).

Sans légende.

Dessin. — Ecu ovale à un pal de vair. Collier de Saint-Michel. Bordure de grènetis entre deux filets.

(Bibliothèque nationale, Mss. Pièces originales, Escars, n° 14).

N° **193** LE MÊME.

1565.

Ovale, 24ᵐᵐ sur 18. — Quittance donnée par François [1] des Cars, sieur de La Vauguyon, capitaine de 50 lances, chevalier de l'ordre (3 octobre 1565).

Sans légende.

Dessin. — Écu écartelé de Pérusse et de Bourbon-Vendôme. Collier de Saint-Michel. Bordure de filets.

(Bibliothèque nationale, Mss. Pièces originales, Escars, n° 20).

---

[1] Il doit y avoir erreur pour le prénom, car les généalogies ne donnent, pour la branche de La Vauguyon, qu'un seul François (celui qui épousa Isabeau de Bourbon, princesse de Carency), lequel mourut en 1550. Le cachet ci-dessus doit donc se rapporter, comme les précédents, à Jean des Cars.

N° **194**

LE MÊME.

1570-1577.

Ovale, 27ᵐᵐ sur 19. — Quittances données au trésorier des guerres par Jehan des Cars, seigneur de La Vauguyoa, prince de Carency, chevalier de l'ordre, conseiller du roi en son privé conseil, capitaine de 50 lances (8 novembre 1570, 29 juillet 1577).

Sans légende.

Dessin. — Ecu écartelé de Pérusse et de Bourbon-Vendôme. Collier de l'ordre de Saint-Michel.

(Bibliothèque nationale, Mss. Pièces originales, E cars, n° ˢ30 et 35).

N° **195**

LE MÊME.

1583.

Ovale, 22ᵐᵐ sur 17. — Quittance de gages (4 décembre 1583).

Sans légende.

Dessin. — Ecu écartelé de Pérusse et de Bourbon-Vendôme. Collier des ordres de Saint-Michel et du Saint-Esprit. Couronne de marquis. Bordure de filets.

(Bibliothèque nationale, Mss. Pièces originales, Escars, n°. 42).

N° **196**

POLIGNAC (RICHARD DE) [1],

ÉCUYER.

1340.

Rond, 20ᵐᵐ. — Quittance pour restor d'un cheval (guerres de Saintonge) (Bouage ?, 22 mai 1340).

Légende détruite.

Dessin. — Ecu écartelé : aux 1 et 4, un lion (de sable, au lion d'or lampassé de gueules, armé et couronné d'argent) ; aux 2 et 3, une barre.

(Clairambault, n° 7271).

[1, « Cette ancienne famille est originaire de la terre de Poulignac en Angoumois » (aujourd'hui commune du canton de Barbezieux). « Jusqu'en 1587, elle s'est appelée dans tous ses actes *de Poulignac* ou *de Poulignat*. Depuis elle a répudié son premier nom pour prendre celui de *Polignac* et changé les armes de son premier auteur connu, Achard de *Poulignac*, qui portait son écu écartelé aux 1 et 4 d'un lion, aux 2 et 3 d'un filet en barre, pour porter des fasces, par allusion à sa prétention de descendre des anciens vicomtes de Polignac en Velay » (*Terres et fiefs relevant de l'évêché d'Angoulême,* par Ed. Sénemaud, p. 9). — Sans entrer dans des discussions généalogiques, nous croyons pouvoir dire que les assertions de M. Sénemaud ne sont pas complètement exactes et que les deux familles de Polignac, celle du Velay et celle de l'Angoumois (ou plutôt de la Saintonge, car cette dernière famille dépendait de l'élection de Saintes), ont toujours été parfaitement distinctes. C'est ce qui résulte des documents contenus dans le recueil des Pièces originales, qui donne une filiation très complète des Polignac ou Poulignac de la Saintonge et qui indique ainsi ses armes : aux 1 et 4, d'or plain ; aux 2 et 3, de sable, au lion d'or.

N° **197**   POLIGNAC (CHRISTOPHE DE) [1].

1568.

Rond. — Quittance de gages donnée par Christophe de Polignac, seigneur d'Escoyeux, lieutenant d'une compagnie de 50 hommes d'armes des ordonnances sous M. de Pons (13 avril 1568).

Sans légende.

Dessin. — Ecu écartelé : aux 1 et 4, un plain ; aux 2 et 3, un lion [2].

(Bibliothèque nationale, Mss. Pièces originales, note dans le dossier Polignac).

N° **198**   LE MÊME.

1569.

Rond. — Quittance de gages donnée par Christophe de Polignac, sieur dudit lieu, chevalier de l'ordre, lieutenant de la compagnie de 50 hommes d'armes à la charge de M. de Pons (2 mai 1569).

Sans légende.

Dessin. — Ecu aux mêmes armes, entouré du collier de l'ordre de Saint-Michel.

(Bibliothèque nationale, Mss. Pièces originales, note dans le dossier Polignac).

N° **199**   PRÉTIGNÉ (REGNAUD DE) [3].

1298.

Rond, 22ᵐᵐ. — Hommage rendu à l'évêque d'Angoulême pour le bourg et territoire de Tourriers (1298).

Légende. — ...ILLVM DE PRETINE.

(Sigillum de Prétiné).

Dessin. — Ecu à la bordure gironnée, dans une rosace ornée de trèfles.

(Archives départementales de la Charente, titres de l'évêché, carton de Saint-Amand-de-Boixe. — Lièvre, *Exploration archéologique du département de la Charente*, canton de Saint-Amand).

---

(1) Fils de Bonaventure de Polignac, seigneur du lieu, et de Bonaventure de Paquiers, dame de Migré, de Parentay et de Machecou ; lieutenant puis capitaine de 50 hommes d'armes, lieutenant du roi en Saintonge, gouverneur de Taillebourg, chevalier de l'ordre de Saint-Michel ; marié à Renée Gillier, fille de Pierre Gillier, seigneur de Salles, et de Marie de La Roye.

(2) Voir la note du numéro précédent.

(3) Seigneur de Tourriers par son mariage avec Agnès Bouchard, fille d'Arnaud Bouchard, veuve en premier mariage de Jean vicomte de Brosse. — Tourriers, aujourd'hui commune de ce nom, canton de Saint-Amand-de-Boixe, arrondissement d'Angoulême.

N° **200**   PRÉVOST (LOUIS) [1],

SEIGNEUR DE SANSAC [2].

1553-1555.

Rond, 22ᵐᵐ. — Quittance des gages de l'office de capitaine, donnée par Louis Prévost, seigneur de Sansac, chevalier de l'ordre, gentilhomme ordinaire de la chambre, gouverneur d'Angoumois, capitaine de 50 lances (28 juillet 1553, 25 octobre 1554). — Quittance d'une donation royale (27 août 1555) [3].

Sans légende.

Dessin. — Ecu portant deux fasces accompagnées de six merlettes (d'argent, à deux fasces de sable accompagnées de six merlettes du même, 3, 2 et 1), entouré du collier de l'ordre de Saint-Michel.

(Bibliothèque nationale, Mss. Pièces originales, Prévost, t. 2381. — *Clairambault*, n° 8391. — Michon, p. 81 et pl. VII, n° 47).

N° **201**   LE MÊME.

1557.

Ovale, 28ᵐᵐ sur 24. — Quittance des gages de l'office de capitaine, donnée par Louis Prévost, seigneur de Sansac, chevalier de l'ordre, gouverneur d'Angoumois, capitaine de 50 lances (29 juillet 1557, etc.).

Sans légende.

Dessin. — Sur un cartouche, écu ovale très allongé dans sa partie inférieure et se terminant en pointe, aux armes, entouré du collier de l'ordre de Saint-Michel.

(Bibliothèque nationale, Mss. Pièces originales, Prévost, t. 2381).

---

[1] Fils de Guillaume Prévost, seigneur de Sansac, et de Catherine Guy ; capitaine de 50 lances, puis de 100 hommes d'armes, gouverneur et lieutenant-général du pays et duché d'Angoulême, conseiller du roi en son conseil privé, chevalier de l'ordre de Saint-Michel, plus tard lieutenant-général, gouverneur du pays bordelais, gouverneur du roi François II ; marié à Louise de Montberon

[2] Aujourd'hui commune de Beaulieu, canton de Saint-Claud, arrondissement de Confolens.

[3] Cette dernière quittance ne mentionne pas le prénom, mais l'attribution n'est pas douteuse.

N° **202**   LE MÊME.

1559-1561.

Ovale, 34ᵐᵐ sur 29. — Quittances de gages de l'office de capitaine (14 août 1559, 8 août 1561).
Sans légende.

Dessin. — Cartouche aux armes. Collier de l'ordre.

(Bibliothèque nationale, Mss. Pièces originales, Prévost, t. 2381. — Michon, p. 81 et pl. VII, n° 46).

N° **203**   LE MÊME.

1566-1568.

Ovale, 42ᵐᵐ. — Quittances de gages (Angoulême, 4 juillet 1566) ; quittances de 5,000 livres données par le roi (Paris, 20 mai 1568).

Sans légende.

Dessin. — Ecu portant deux fasces accompagnées de six merlettes, 3, 2 et 1, timbré d'un
heaume à lambrequins cimé d'une main tenant une épée, dans un cartouche, entouré du collier de
Saint-Michel.

(*Clairambault*, nᵒˢ 8392 et 7441).

N° **204**   PRÉVOST (ESMARD).

1558-1559.

Rond, 18ᵐᵐ. — Quittances de gages données par Esmard Prévost, maréchal-des-logis de la compagnie de 50 lances de M. de Sansac (24 décembre 1558, 24 mai 1559).

Sans légende.

Dessin. — Ecu aux armes timbré d'un petit fleuron et embrassé de palmettes.

Bibliothèque nationale, Mss. Pièces originales, Prévost, t. 2381. — Michon, p. 81 et pl. VII, fig. 48.).

Nº 205   LE MÊME.

1561.

Ovale, 25ᵐᵐ sur 21. — Quittance de gages (8 août 1561).

Sans légende.

Dessin. — Ecu aux armes ; ornements indistincts.

(Bibliothèque nationale, Mss. Pièces originales, Prévost, t. 2381).

Nº 206   PRÉVOST (JEAN)[1],

BARON DE SANSAC.

1564.

Ovale, 25ᵐᵐ sur 19. — Quittance de gages par... de Sansac, seigneur et baron du lieu, chevalier de l'ordre du roi et capitaine de sa porte (dernier décembre 1564).

Sans légende.

Dessin. — Ecu aux armes, timbré d'un fleuron et entouré du collier de l'ordre de Saint-Michel.

(Bibliothèque nationale, Mss. Pièces originales, Prévost, t. 2381).

Nº 207   LE MÊME.

1580.

Ovale, 22ᵐᵐ sur 19. — Quittance de pension donnée par Jean Prévost, baron de Sansac, chevalier de l'ordre, gouverneur de Bordeaux (21 janvier 1580).

Sans légende.

Dessin. — Variante du numéro précédent.

(Bibliothèque nationale. Mss. Pièces originales, Prévost, t. 2381).

---

[1] Fils unique de Louis Prévost, seigneur de Sansac, et de Louise de Montbron ; baron de Sansac et de Montmoreau ; premier gentilhomme de la fauconnerie en 1576, capitaine des gardes de la porte des rois Charles IX et Henri III, capitaine de 50 hommes d'armes, chevalier de l'ordre en 1583 ; marié en 1577.

N° **208**   PRÉVOST (ANTOINE) [1].

1581.

Ovale, 34ᵐᵐ sur 24. — Quittance donnée à maître Pierre Rollon, conseiller du roi et trésorier de son épargne, pour don du roi « en considération de nos services », par Antoine Prévost, archevêque de Bordeaux (dernier août 1581).

Sans légende.

Dessin. — Ecu aux armes se terminant, dans sa partie inférieure, en pointe allongée, entouré de rinceaux.

(Bibliothèque nationale. **Mss.** Pièces originales, Prévost, t. 2381),

---

N° **209**   RAYMOND (PIERRE),

SIRE D'AUBETERRE [2], CHEVALIER.

1340.

Rond, 23ᵐᵐ. — Quittance de gages pour services de guerre en Saintonge (Pons, 12 septembre 1340).

Légende détruite.

Dessin. — Ecu parti : au 1, à trois lions [3] passant l'un sur l'autre ; au 2, à un chef [4].

(*Clairambault*, n° 364. — Michon, p. 82 et pl. VIII, n° 58).

---

(1) Né vers 1506 ; fils de Louis Prévost, seigneur de Sansac, et de Louise de Montberon ; archevêque de Bordeaux (prit possession le 18 mars 1560 et fut sacré en juin 1561) ; mort le 17 octobre 1592.

(2) Aujourd'hui chef-lieu de canton, arrondissement de Barbezieux.

(3) Lire trois léopards de gueules, à trois léopards d'or passants, armés et lampassés d'argent, qui est Bouchard).

(4) Losangé d'or et d'azur, au chef de gueules.

N° **210**

RAYMOND (JEAN),

SIRE D'AUBETERRE, CHEVALIER.

1387.

Rond, 28ᵐᵐ. — Quittance de gages pour les guerres de Guienne (Poitiers, 26 février 1387, n. st.).

Légende. — IEHAN RAYMO SIRE DAVBETERRE.

(Jehan Raymon, sire d'Aubeterre).

Dessin. — Ecu écartelé : aux 1 et 4, à trois lions passant l'un sur l'autre ; aux 2 et 3, un chef ; penché, timbré d'un heaume couronné cimé d'une tête de griffon, supporté par deux lions.

(Clairambault, n° 363.)

N° **211**

RIBEYROL (IMBERT DE) [1],

DE CHABANNAIS [2].

1343.

Rond, 20ᵐᵐ.

Légende. — S IMB... RIBE... .

(Seel Imbert Ribeyrol).

Dessin. — Dans un trilobe, un écu chargé de trois objets indistincts (peut-être trois tourteaux).

(Archives nationales. *Inventaire Douët d'Arcq,* n° 3388).

N° **212**

ROBERT (PIERRE DE) [2],

SEIGNEUR DE MARTHON [3].

XIIIᵉ SIÈCLE.

Rond, 30ᵐᵐ.

Légende. — S. PETRI. ROBTI. VALETI. DE. MARTONIO

(Sigillum Petri Roberti, valeti de Martonio).

Dessin. — Ecu à une fasce.

(Michon, p. 81 et pl. VII, fig. 34).

---

[1] Probablement Chabanais, aujourd'hui chef-lieu de canton, arrondissement de Confolens.

[2] Probablement le même qui en 1248 rendit son dénombrement à l'évêque d'Angoulême en raison de son fief de Marthon.

[3] Aujourd'hui commune de Marthon, canton de Montbron, arrondissement d'Angoulême.

ROCHE-ANDRY (LA).

Voir *La Roche-Andry*.

ROCHE-BEAUCOURT (LA).

Voir *La Roche-Beaucourt*.

ROCHEFOUCAULD (LA).

Voir *La Rochefoucauld*.

TOUR-BLANCHE (LA) ET TOUR (LA).

Voir *La Tour-Blanche* et *La Tour*.

N° 213   ROUFFIAC [1] (IRVOIS DE).

1269.

Rond, 28^{mm}.

Légende. — † S' IRVOZII DNI DE ROFFI
(Sigillum Irvozii, domini de Roffiaco).

Dessin. — Dans le champ, un lion rampant contourné (il est gravé comme s'il était burelé).
Archives nationales. *Inventaire Douët d'Arcq*, n° 3406).

---

[1] Probablement aujourd'hui commune de Rouffiac-Saint-Martial, canton d'Aubeterre, arrondissement de Barbezieux.

Nº **214**   # RUFFEC (GUILLAUME, SIRE DE),

ÉCUYER.

1338.

Sceau rond, 22ᵐᵐ. — Quittance de gages pour les guerres de Poitou et de Saintonge (devant Montendre, 17 juillet 1338).

Légende détruite.

Dessin. — Ecu burelé, supporté par un homme d'armes coiffé du grand bacinet.

(*Clairambault*, nº 8101).

Nº **215**   # RUFFEC (IRVOIS, SIRE DE),

CHEVALIER.

1351.

Sceau rond, 30ᵐᵐ. — Quittance de gages pour les guerres de Poitou, Saintonge, Angoumois (Angoulême, 22 juin 1351).

Légende détruite.

Dessin. — Ecu burelé, penché, timbré d'un heaume cimé d'un col de cygne, sur champ réticulé.

(*Clairambault*, nº 802).

Nº **216**   # SAINT-LAURENT (FRANÇOIS DE) [1],

SEIGNEUR DE LA FEUILLADE [2].

1567.

Ovale, 20ᵐᵐ. — Quittance de cent livres, pour un mois de ses gages, donnée par François de Saint-Laurent, seigneur de La Feuillade, lieutenant de M. [de Carbonnières] de Chambery, gouverneur de la citadelle de Lyon (12 décembre 1567).

Sans légende.

Dessin. — Un lion, sur champ fleurdelysé (d'azur, semé de fleurs de lys d'or, au lion de gueules couronné et armé du même, lampassé d'or).

(Archives nationales. *Inventaire Douët d'Arcq*, nº 5334).

[1] Fils d'autre François de Saint-Laurent, écuyer, et de Jeanne de Beauvigier ou Bosvigier; marié à Gabrielle du Theil.
[2] Aujourd'hui commune du canton de Montbron, arrondissement d'Angoulême.

N° **217**   SAINTE-HERMINE (HÉLIOT DE) [1],

ÉCUYER.

Rond, 21ᵐᵐ. — Quittance de gages pour services de guerre (Angoulême, 21 janvier 1357, n. st.).

Légende. — † ELIO... ...NE.

(Eliot de Sainte-Hermine).

De ⸰ *in.* — Ecu d'hermines, à six merlettes.

(*Clairambault*, n° 8315. — Michon, p. 82 et pl. VIII, fig. 51).

N° **218**   SAINTE-MAURE (GUI DE) [1],

CHEVALIER, SEIGNEUR DE MONTAUSIER [2].

1337.

Rond, 20ᵐᵐ. — Quittance de gages pour les guerres de Saintonge (Pons, 26 novembre 1337).

Légende. — .EEL .....E MORE.

(Seel.... Sainte-More)

Dessin. — Ecu à la fasce chargée de trois molettes, penché, timbré d'un heaume cimé d'un ange tenant deux pennons, supporté par deux chevaux, dans un quadrilobe.

(*Clairambault*, n° 8324).

---

(1) Famille originaire de l'Aunis, qui posséda en Angoumois, de temps immémorial, la terre du Fa et de Sireuil (aujourd'hui commune de Sireuil, canton et arrondissement d'Angoulême).

(2) Fils de Guillaume III de Sainte-Maure.

(3) Aujourd'hui commune de Baignes-Sainte-Radegonde, chef-lieu de canton de l'arrondissement de Barbezieux.

N° 219

SIGOGNE [1] (BERTRAND DE),

CHEVALIER.

1355.

Rond, 26ᵐᵐ. — Quittance de gages pour l'establie d'Angoulême (Angoulême, 6 avril 1355).

Légende détruite.

Dessin. — Ecu à l'aigle.

(Clairambault, n° 2726).

N° 220

SIGOGNE (JEAN DE),

CHEVALIER.

1376.

Rond, 19ᵐᵐ. — Quittance de gages pour la garde de la ville et du château d'Angoulême (2 juillet 1376).

Légende. — ...HAN DE S...

(Jehan de Sigogne).

Dessin. — Ecu à l'aigle.

(Clairambault, n° 8616).

N° 221

TAILLEFER [1] (ARMAND DE) [2].

ENTRE 1310 ET 1330.

Ogival, 49ᵐᵐ sur 29.

Légende. — ARMAND TALHAFER ELEEMOSINARIVS BRANTOLOMEVS.

Dessin. — Dans une niche gothique accompagnée, à l'intérieur et à l'extérieur, d'un rameau, la Vierge debout, nimbée, portant sur son bras droit, l'Enfant Jésus couronné; au-dessous, un écu à l'antique au armes de Taillefer [3].

(Bibliothèque nationale, Mss. Périgord, t. 182, f° 342).

---

(1) Probablement aujourd'hui commune de ce nom, canton de Jarnac, arrondissement de Cognac. — Dans l'*Inventaire* de M. Demay, le nom est écrit Cigogné (lire Cigogne) ; voir le numéro suivant.

(2) Nous donnons les sceaux de la famille de Taillefer parce que, d'après plusieurs auteurs et notamment d'après le savant abbé Lespine, elle descendait, par Alduin II, des premiers comtes d'Angoulême : toutefois il convient de remarquer que la filiation n'est pas établie d'une manière suivie (voir dans Saint-Allais, t. XIV, la généalogie de la maison de Taillefer).

(3) Fils d'Armand de Taillefer et d'Alais de Taillefer ; prêtre, religieux et aumônier de Brantôme, prieur de Sainte-Foy-de-Longa.

(4) De gueules, ou dextrochère de carnation paré d'argent, mouvant de l'angle dextre supérieur, tenant une épée de même en bande, garnie d'or, taillant une pièce de fer de sable en barre, accompagné de six étoiles ou petites roses rangées en orle ; l'écu est souvent posé sur un champ losangé d'or et de gueules, qui est d'Angoulême ancien.

N° 222   TAILLEFER (AUDOYNOT DE)[1].

1404-1407.

Rond, 25ᵐᵐ. — 1° Quittance donnée par Audoynot de Taillefer au trésorier ordinaire en Périgord (jeudi après la Toussaint 1404) ; 2° quittance de gages pour les guerres de Guienne, donnée par le même sous le nom d'Audoynot Grimouart (Périgueux, 4 avril 1407).

Légende. — ... VIN ...IMOVAR

              (Audouin Grimouar).

Dessin. — Ecu penché, à deux bars adossés accompagnés de deux fleurs de lys, l'une en chef et l'autre en pointe (Grimoard) ; timbré d'un heaume cimé d'une tête de bœuf, sur champ festonné.

(Bibliothèque nationale, Mss. Pièces originales, Taillefer. — *Clairambault*, n° 4268).

N° 223   TALLEYRAND (RAYMOND DE) [2],

SIRE DE CHALAIS [3].

1337.

Sceau en cire rouge appendu à une quittance du 28 juillet 1337.

Sans légende.

Dessin. — Ecu à quatre fasces [4].

(D'après une note conservée à la Bibliothèque nationale, Mss. Pièces originales, Talleyrand).

N° 224   LE MÊME.

1337.

Rond, 19ᵐᵐ. — Quittance de gages pour l'establie de Montlieu et de Montguyon (Pons, 26 novembre 1337).

Légende. — ...ALER...

              (.... **Talerand**...).

Dessin. — Ecu droit écartelé : aux 1 et 4, un plain ; aux 4 et 3, deux fasces.

(*Clairambault*, n° 8790).

---

(1) Né en 1368 ; fils d'Hélie II de Taillefer et de Pétronille Grimoard ; substitué aux nom et armes de Grimoard ; marié en 1390 à Assalide Bouche.

(2) Fils d'Hélie de Talleyrand, chevalier, seigneur de Grignols, et d'Agnès de Chalais ; marié à Marguerite de Baynac, fille d'Adhémar de Baynac, seigneur du lieu.

(3) Aujourd'hui chef-lieu de canton, arrondissement de Barbezieux.

(4) Probablement burelé.

N° **225**

LE MÊME,

SEIGNEUR DE CHALAIS.

1340.

Rond, 22ᵐᵐ. — Quittance délivrée par Raimond « Alerant », seigneur de Chalais, chevalier, au receveur de Saintonge, pour service de guerre (« Biague » (Bouage ?), 28 mai 1340).

Légende détruite.

Dessin. — Ecu droit écartelé : aux 1 et 4, contre-écartelé de plains ; aux 2 et 3, trois fasces.

(*Clairambault*, n° 85).

N° **226**

TERREBOURE [1] (GUILLAUME DE),

CHEVALIER.

1291.

Rond, 20ᵐᵐ environ. — Aveu fourni par le chevalier de Terreboure à Guillaume, évêque d'Angoulême, pour le fief de Barres, paroisse de Bignac (mardi avant la Nativité 1291).

Légende. — † S' GVILL....

        (**Sigillum Guillelmi....**)

Dessin. — Ecu à une aigle éployée, au lambel de quatre pendants.

(Archives départementales de la Charente, fonds de l'évêché, liasse de Montignac).

N° **227**

TISON [2] (ARNAUD).

1355.

Rond, 23ᵐᵐ. — Quittance de gages pour service de guerre entre la Loire, la Dordogne et l'Auvergne (Angoulême, 24 juin 1355).

Légende. — ...NALDI TI.....

        ([**Sigillum**] **Arnaldi Tison...**)

Dessin. — Ecu portant deux lions passants l'un sur l'autre, au lambel, et accompagnés de la lettre A en pointe, dans un quadrilobe.

(*Clairambault*, n° 8928).

---

[1] Aujourd'hui commune de Coulgens, canton de La Rochefoucauld, arrondissement d'Angoulême.

[2] Ancienne famille de l'Angoumois, qui possédait la terre et seigneurie de Dirac (aujourd'hui commune de ce nom, canton et arrondissement d'Angoulême) et plusieurs autres.

[3] D'or, à deux lions passants de gueules, l'un sur l'autre, au lambel de trois pendants d'azur (SÉNEMAUD, *Terres et fiefs relevant de l'évêché d'Angoulême*, p. 10). — D'argent, à deux lions léopardés de gueules, l'un sur l'autre. (Bibliothèque nationale, dossier Tison).

N° **228**   TISON (BENOIT).

1557.

Rond, 21ᵐᵐ. — Quittance de gages donnée par Benoist Tizon, porteur d'enseigne de la compagnie de 80 lances sous la conduite du duc d'Aumale (10 juillet 1557).

Sans légende

Dessin. — Ecu à deux lions, timbré d'un casque, taré de profil ; rinceaux dans le champ.

(Bibliothèque nationale, Mss. Pièces originales, Tison).

N° **229**   LE MÊME [1].

1560.

Rond, 12ᵐᵐ. — Quittance de gages donnée par Benoist Tizon, chevalier, seigneur d'Argence, enseigne de la compagnie du duc d'Aumale (17 novembre 1560).

Sans légende.

Dessin. — Cartouche à deux lions.

(Bibliothèque nationale, Mss. Pièces originales, Tison).

N° **230**   TISON (SIBERT) [1]

1558-1562.

Rond, 19ᵐᵐ. — Quittances de gages données par Sibert Tizon, dit Argence, enseigne de la compagnie de M. de Randan (23 novembre 1558, 10 septembre 1562).

Sans légende.

Dessin. — Ecu écartelé : aux 1 et 4, à un lion ; aux 2 et 3, à trois fasces.

(Bibliothèque nationale, Mss. Pièces originales, Tison).

---

(1) Le dossier Tison contient une autre quittance donnée par Benoist Tizon, seigneur d'Argence, gentilhomme servant du roi, le 20 mai 1560, « sous le scel de nos armes ». Contrairement à cette mention, l'écu n'est pas aux armes de Tison, mais bien à celles de La Rochefoucauld (burelé, à trois chevrons).

(2) *Aliàs* Sybert et Cybert.

N° **231**   LE MÊME.

1562-1572.

Ovale, 23ᵐᵐ sur 19. — Quittance de gages donnée par Sybert Tizon, dit Argence, lieutenant de la compagnie de M. de Randan (4 mars 1562, 30 novembre 1572).

Sans légende.

Dessin. — Écu à deux lions, timbré d'un fleuron.

(Bibliothèque nationale, Mss. Pièces originales, Tison).

N° **232**   VALENCE (GUY DE)[1],

SEIGNEUR DE MONTIGNAC[2].

1248.

Rond (fragment). — Testament de Hugues X, comte de La Marche et d'Angoulême (1248).

Légende détruite.

Dessin. — Equestre.

Contre-Sceau.

Rond.

Légende détruite.

Dessin. — Un écu aux armes de Lusignan, à un lambel de cinq pendants, chargés chacun de trois lions.

(Archives nationales. Michon, p. 75 et pl. III, fig. 10).

---

(1) Fils de Hugues X, comte de La Marche et d'Angoulême, et d'Isabelle d'Angoulême ; marié à Jeanne de Montchausey, fille de Guérin de Montchausey et de N., fille du comte de Pembroke ; seigneur de Montignac en Angoumois, seigneur de Westford et comte de Pembroke en Angleterre. — Michon et d'autres auteurs le nomment Guillaume, à tort suivant Nadaud (*Nobiliaire du diocèse et de la généra.ité de Limoges*, t. III, p. 165).

N° **233**   VALENCE (GUILLAUME DE) [1],

SEIGNEUR DE MONTIGNAC [2] ET DE RANCON [3].

1280.

Rond, 28^{mm}.

Légende. — S : WI : DE : VALENCIA :

(Sigillum Willelmi de Valenciâ).

Dessin. — Dans un cercle perlé, l'écu de Lusignan avec un lambel à quatre pendants.

(Lièvre, *Exploration archéologique du département de la Charente*, canton de Saint-Amand-de-Boixe).

———

N° **234**   VALENCE (AYMARD OU ADHÉMARD) [4],

SEIGNEUR DE MONTIGNAC [5].

1286-1299.

Rond (fragment). — 1° Aveu par lui rendu à l'évêque d'Angoulême pour la terre de Montignac (1286) ; 2° transaction passée entre lui et l'évêque d'Angoulême.

Légende. — .....DEMAR.....

([Sigillum] Ademari.....)

Dessin. — L'écu de Lusignan-Valence accosté à dextre et à sénestre d'un oiseau posé sur un rameau.

(Archives départementales de la Charente. — Lièvre, *Exploration archéologique du département de la Charente*, canton de Saint-Amand-de-Boixe).

———

(1) Fils de Guy de Lusignan, dit de Valence, seigneur de Montignac et Rancon en Angoumois, de Bellac et Champagnac en La Marche, de Westford en Angleterre, et de Jeanne de Montchausey.

(2) Aujourd'hui commune de Montignac-Charente, canton de Saint-Amand-de-Boixe, arrondissement d'Angoulême.

(3) Aujourd'hui Rancogne, commune de ce nom, canton de La Rochefoucauld, arrondissement d'Angoulême.

(4) Frère du précédent ; seigneur de Valence, Montignac, Rancon, Bellac, Champagnac, Westfort, etc. ; comte de Pembroke ; vice-roi d'Ecosse sous Edouard Ier, roi d'Angleterre.

(5) « *Miles, dominus de Montiniaco* ».

N° **235**   LE MÊME.

1298.

Rond, 30^{mm}. — Traité de trèves entre la France et l'Angleterre (Tournay, le mardi avant la Purification 1297, n. st.).

Légende. — SIGILL ADEMARI : DE : VALENCE
(**Sigillum Ademari de Valence**).

Dessin. — Ecu droit burelé, à l'orle de sept merlettes, sommé d'une gerbe d'épis et entouré d'arabesques à oiseaux.

(Archives nationales. *Inventaire Douët d'Arcq* [1], n° 3810. — Michon, p. 75, note 2, et pl. VI, fig. 21).

N° **236**   LE MÊME.

1308.

Rond, 74^{mm}. — Ratification, par *Adomarus de Valenciâ, comes Pembrochie, dominus Weysefordie* [2] *et de Montiniaco* [3], des arrangements pris en son nom par l'évêque d'Autun et le chancelier de Nogaret (Longpont, près Montlhéry, 23 septembre 1308).

Légende. — ADOMARVS DE VALENCIA COMES PEMBROCHIE DNS WEYS' ET DE
           MONTINIACO
(**Adomarus de Valenciâ, comes Pembrochie, dominus Weysefordie et de Montiniaco**).

Dessin. — Equestre aux armes (burelé, à l'orle de merlettes) [4], le volet du heaume très apparent.

Revers.

Légende. — S' ADOMARI DE VALENCIA COMITIS PEMBROCHIE DNI WEYS' ET DE
           MONTINIACO
(**Sigillum Adomari de Valenciâ, comitis Pembrochie, domini Weysefordie et de Montiniaco**).

Dessin. — Ecu aux mêmes armes, sommé et flanqué d'arbres, dans une rosace.

(Archives nationales. *Inventaire Douët d'Arcq*, n° 10184. — Michon, p. 75, et pl. VI, n°ˢ 22 et 23).

---

(1) L'*Inventaire Douët d'Arcq* rapporte à tort ce sceau au Dauphiné.
(2) Westford en Angleterre.
(3) L'*Inventaire Douët d'Arcq* dit par erreur MORTINIACO au lieu de MONTINIACO.
(4) Burelé d'argent et d'azur de dix pièces (Lusignan), les burelles d'azur chargées de six merlettes de gueules, 3, 2, 2 et 1.

N° **237**   LE MÊME.

1308.

Rond, 25ᵐᵐ. — Transaction entre le comte de Pembroke et les gens du roi de France, touchant ses droits sur le comté de La Marche (Paris, 17 février 1308).

Légende. — † S' ADOMARI COMITIS PEMBROCHIE

(Sigillum Adomari, comitis Pembrochie).

Dessin. — Comme au sceau précédent, l'écu sommé d'un léopard et accompagné de fleurs de lys, de trèfles et d'un dauphin.

(Archives nationales. *Inventaire Douët d'Arcq*, n° 10185).

N° **238**   VENDÔME (JEAN III DE) [1],

SEIGNEUR DE CHABANAIS [2].

1470-1471.

Rond, 28ᵐᵐ. — Quittances de gages de bailli de Berry (12 avril 1470, n. st.) ; autre quittance pour la garde de Montargis (4 février 1471, n. st.).

Légende. — † iehan de vendosme

(Seel Jehan de Vendosme).

Dessin. — Ecu écartelé : aux 1 et 4, à un lion (d'argent, au chef de gueules, au lion couronné d'azur brochant sur le tout); aux 2 et 3, un semé de fleurs de lys (d'azur, semé de fleurs de lys d'or); penché, timbré d'un heaume à lambrequins cimé d'une tête de lion.

(Bibliothèque nationale, Mss. Pièces originales, Vendôme. — *Clairambault*, n° 9308).

---

[1] Fils de Jean II de Vendôme, vidame de Chartres, et de Catherine de Thouars, dame de Chabanais, Confolens et Pouzauges, gouverneur et bailli de Berry, conseiller et chambellan du roi ; marié à Jeanne de Brezé, fille de Pierre de Brezé, seigneur de La Varenne, et de Jeanne Crespin.

[2] Chef-lieu de canton, arrondissement de Confolens.

N° **239**   LE MÊME,

PRINCE DE CHABANAIS.

1478.

Contre-Sceau.

Rond, 19ᵐᵐ. — Récépissé de l'hommage d'une terre relevant de la baronnie de Melay (19 novembre 1478).

Légende. — **iehan de vendosme**

Dessin. — Ecu écartelé : aux 1 et 4, un lion ; aux 2 et 3, un semé de fleurs de lys.

(*Clairambault*, n° 2248).

N° **240**   LE MÊME.

1481.

Rond, 56ᵐᵐ. — Quittance donnée par Jean de Vendôme, vidame de Chartres, seigneur de Chabanais, conseiller et chambellan du roi, au trésorier-général en Languedoc, Lyonnais, Forez et Beaujolais, de la somme de 3,000 livres tournois pour la pension à lui octroyée par le roi (24 février 1481).

Légende. — **seel iehan de vendosme vidame de chartres.**

Dessin. — Ecu écartelé aux armes, penché, timbré d'un heaume cimé d'un lion passant, supporté par deux anges.

Contre-Sceau.

Identique au numéro précédent.

(Bibliothèque nationale, Mss. Pièces originales, Vendôme).

N° 241   VENDÔME (JACQUES DE) [1],

PRINCE DE CHABANAIS.

1505.

Rond, 55ᵐᵐ. — Quittance donnée au receveur général des finances au duché de Normandie, par Jacques de Vendôme, chevalier, vidame de Chartres, conseiller et chambellan ordinaire du roi et grand-maître des eaux et forêts, de sa pension pour la grande-maitrise (22 juillet 1505).

Légende. — ...acques de v... vidame de chartres

(Seel Jacques de Vendôme, vidame de Chartres).

Dessin. — Ecu écartelé aux armes, penché, timbré d'un heaume cimé d'un lion accroupi supporté par deux anges.

Contre-Sceau.

Rond, 19ᵐᵐ.

Légende. — ...de vendome.

Dessin. — Ecu écartelé aux armes.

(Bibliothèque nationale, Mss. Pièces originales, Vendôme).

N° 242   VENDÔME (LOUIS DE) [2],

PRINCE DE CHABANAIS.

1526.

Rond, 24ᵐᵐ. — Quittance de gages de l'office de capitaine de 50 lances (18 février 1526, n. st.). Sans légende.

Dessin. — Ecu écartelé aux armes.

(*Clairambault*, n° 2249).

---

(1) Fils de Jean de Vendôme, vidame de Chartres, prince de Chabanais, et de Jeanne de Brezé ; seigneur de Maisons, vidame de Chartres, prince de Chabanais ; grand-maître des eaux et forêts de France et de Bretagne ; marié à Louise Malet, fille de Louis Malet, sire de Graville, et de Marie de Balsac.

(2) Né vers 1501 ; fils de Jacques de Vendôme, prince de Chabanais, et de Louise Malet de Graville ; conseiller et chambellan du roi, capitaine de 100 gentilhommes de sa maison, grand-veneur de France, chevalier de l'ordre ; marié à Hélène Gouffier, fille d'Artus Gouffier, duc-pair de Rouannais, grand-maître de France, et d'Hélène de Hangest ; mort le 22 août 1526.

N° **243**   VENDÔME (FRANÇOIS DE)[1],

PRINCE DE CHABANAIS.

1544-1545.

Rond, 44ᵐᵐ. — Quittance donnée par François de Vendôme, guidon de la compagnie de 50 lances sous M. de Boisy (12 novembre 1544) ; quittance analogue, avec la variante « naguères guidon, etc. » (10 septembre 1535).

Légende. — FRANÇOIS DE VENDOSME VIDAME DE CHARTRES.

Dessin. — Ecu en cartouche, écartelé aux armes, timbré d'un heaume, orné de feuillages et cimé d'un dogue issant, supporté par deux dogues.

(Bibliothèque nationale, Mss. Pièces originales, Vendôme).

N° **244**   LE MÊME.

1546-1552.

Rond, 18ᵐᵐ. — Quittance donnée au trésorier ordinaire des guerres par François de Vendôme, vidame de Chartres, prince de Chabanais, capitaine de quarante lances, pour l'office de capitaine (22 décembre 1546). — Quittances analogues (10 septembre 1549, 15 mai 1552).

Sans légende.

Dessin. — Ecu écartelé aux armes, timbré d'un petit fleuron.

(Bibliothèque nationale, Mss. Pièces originales, Vendôme. — *Clairambault,* n° 2239).

N° **245**   LE MÊME.

1558.

Ovale, 25ᵐᵐ sur 20. — Quittance de gages (20 janvier 1558).

Sans légende.

Dessin. — Ecu écartelé aux armes, sommé d'une couronne de baron (type ancien, perles en grand nombre au-dessus du bandeau) et entouré du collier de l'ordre de Saint-Michel.

(Bibliothèque nationale, Mss. Pièces originales, Vendôme).

(1) Né vers 1524 ; fils de Louis de Vendôme, vidame de Chartres, prince de Chabanais, et d'Hélène Goutfier ; guidon d'une compagnie de 50 lances, capitaine d'une compagnie de 40 lances, puis de 50 lances des ordonnances du roi, colonel de l'infanterie française ; chevalier de Saint-Michel ; marié à Jeanne d'Estissac, fille de Louis d'Estissac ; mort le 7 décembre 1562.

N° 246   VILLEBOIS [1] (ITIER DE).

1259.

Rond, 45 à 50ᵐᵐ. — Charte datée du lundi après l'octave de la Saint-Nicolas d'hiver, 1259.

Légende. — SIG... I... DE VILLA...

(Sigillum Iterii de Villabovis).

Dessin. — Ecu (de gueules), au lion (d'azur), à la bordure vairée.

Contre-Sceau.

Rond, 35ᵐᵐ environ.

Légende détruite.

Dessin. — Ecu aux mêmes armes.

(Archives départementales de la Charente, H 355. — Michon, p. 80 et pl. VII, fig. 33 et 33 *bis*).

N° 247   VILLEBOIS (ITIER DE),

DAMOISEAU, SEIGNEUR DE LA ROCHEBEAUCOURT.

1323.

Rond. — Vente à noble Guillaume de Charmant, écuyer (1323).

Légende ?

Dessin. — Ecu à un alérion, à la bordure chargée de tourteaux ou besants.

(Archives départementales de la Charente).

N° 248   VIVILLE [2] (THIERRI DE).

1230.

Rond, 60ᵐᵐ.

Légende. — † SIGILLVM. TOME. DE VIWILLA

Dessin. — Equestre, le bouclier aux armes (un bandé, à la bordure). Casque pointu à nasal (exception pour l'époque), cotte de maille.

(Archives nationales. *Inventaire Douët d'Arcq*, n° 3931).

---

(1) Aujourd'hui Villebois-La-Valette, chef-lieu de canton, arrondissement d'Angoulême.
(2) Aujourd'hui commune de Viville, canton de Châteauneuf, arrondissemetn de Cognac.

N° **249**   VOLVIRE   (PHILIPPE   DE) [1],

SEIGNEUR ET BARON DE RUFFEC.

1566.

Ovale, 22^{mm} sur 18. — Quittance de gages donnée par Philippe de Ruffec, sieur de Saint-Brisse, gentilhomme de la chambre (6 juillet 1566).

Sans légende.

Dessin. — Ecu burelé (d'or et de gueules) [2], fleuron au-dessus de l'écu. .

(Bibliothèque nationale, Mss. Pièces originales, Ruffec).

N° **250**   LE MÊME.

1576-1581.

Ovale, 27^{mm} sur 21. — Quittance de gages donnée par Philippe de Ruffec, sieur du lieu (Angoulême, 3 janvier 1576) ; autre quittance donnée par Philippe de Volvire, seigneur de Ruffec (17 décembre 1581).

Sans légende.

Dessin. — Ecu burelé, entouré du collier de l'ordre de Saint-Michel.

(Bibliothèque nationale, Mss. Pièces originales, Ruffec et *Volvire).*

(1) Fils de René de Volvire, baron de Ruffec, et de Catherine de Rohan-Montauban ; capitaine de 50 hommes d'armes des ordonnances, conseiller du roi en son conseil privé, gentilhomme de la chambre, gouverneur au pays et duché d'Angoulême, chevalier de l'ordre ; marié à Anne de Daillon, fille de Jean III de Daillon, comte du Lude, et d'Anne de Batarnay ; mort le 6 janvier 1585.

(2) Ce sont les armes de Ruffec, dont les Volvire, comme on le voit par la quittance ci-dessus et la plupart de celles qui vont être mentionnées ci-après, prenaient souvent le nom, sans rappeler le nom patronymique. — Le blason de Volvire était d'argent, à la fasce d'azur (P. Anselme, t. IX, p. 76-77).

N° **251**

LE MÊME.

1577.

Ovale, 22^{mm} sur 18. — Quittance de gages donnée par Philippe de Ruffec, seigneur du dit lieu et de Saint-Brice, vicomte du Bois-de-la-Roche, chevalier de l'ordre, etc. (Angoulême, 7 juillet 1577) ; autre quittance avec la qualification de baron de Ruffec (6 septembre 1577).

Sans légende.

Dessin. — Ecu burelé, entouré du collier de l'ordre de Saint-Michel [1].

(Bibliothèque nationale, Mss. Pièces originales, Ruffec).

N° **252**

LE MÊME.

1578.

Ovale, 24^{mm} sur 20. — Quittance de gages (27 juin 1578).

Sans légende.

Dessin. — Ecu burelé, entouré du collier de l'ordre (variante du sceau de 1576, en dimensions un peu moindres).

(Bibliothèque nationale, Mss. Pièces originales, Ruffec).

---

[1] Le médaillon de l'ordre de Saint-Michel est en saillie au bas de l'ovale, ce qui distingue nettement ce cachet de tous les autres.

IIIᵉ Série. — COURS ET JURIDICTIONS.

N° **253** ANGOULÊME (CONTRATS D').

1279.

Rond, 48ᵐᵐ.

Légende. — † S' DE E.....S

(Sigillum de Engolisme).

Dessin. — Ecu aux armes de Lusignan (burelé d'argent et d'azur).

Contre-Sceau.

Rond, 24ᵐᵐ.

Légende. — † CONTRA. S' AD CAVSAS.

(Contrasigillum ad causas).

Dessin. — Écu aux mêmes armes.

(Archives départementales de la Charente).

N° **254** ANGOULÊME (CONTRATS D').

1315-1317.

Rond (fragment). — Actes de vente (1315-1317).

Légende détruite.

Dessin indistinct.

Contre-Sceau.

Rond, 22 à 25ᵐᵐ environ.

Légende. — ....ENGOLESME.

Dessin. — L'écu de France ancien (semé de fleurs de lys d'or) à une porte de ville à trois tours, accosté de palmes.

(Archives départementales de la Charente, fonds de Saint-Cybard, canton de Saint-Yrieix. — Michon, p. 83 et pl. VII, n° 31).

N° **255**   ANGOULÊME (CONTRATS D').

1329-1332.

Rond, 52^{mm}. — Actes divers (1329-1332).

Légende. — ....ENGOL... ...RAC...

(Sigillum Engolisme ad contractus).

Dessin. — L'écu de France ancien (semé de fleurs de lys), à une bande très étroite, sur champ à grosses hachures. A dextre et à sénestre, une porte de ville à trois tours [1].

Contre-Sceau.

Rond, 25^{mm}.

Légende. — CONTRA S' CONTRACTS.

(Contrasigillum [ad] contractus).

Dessin. — Le même écu accosté de palmes.

(Archives départementales de la Charente).

N° **256**   (ANGOULÊME (CONTRATS D').

1329-1341.

Rond, 48^{mm} [2]. — Actes divers (1329-1341).

Légende. — ..AT (?) ..NGOL... ...TRAC...

(... at ?... Engolisme ad contractus).

Dessin. — L'écu de France ancien, à une bande ; dans le champ, à dextre et à sénestre et au-dessus de l'écu, une porte de ville à trois tours.

Contre-Sceau.

Légende. — † CONTRA S' CONTRACTVS.

(Contrasigillum [ad] contractus).

Dessin. — Le même écu accosté de palmes.

(Archives départementales de la Charente, pièces diverses).

---

(1) Il est très probable que la porte de ville était également figurée au-dessus de l'écu.

(2) Reconstitution du sceau d'après plusieurs fragments. Ce sceau semble être celui qui a été décrit par Michon, p. 89 et pl. VII, n° 3.

Nº **257**   ANGOULÊME (CONTRATS D').

1346-1347.

Rond, 45ᵐᵐ. — Actes divers (1346-1347).

Légende. — .:..ISME AD CONTRACT

(Sigillum Engolisme ad contractus).

Dessin. — Dans un quadrilobe dont les intervalles extérieurs sont remplis par des trèfles, écu parti de France et de Navarre [1], accompagné de trois portes de ville à trois tours, à dextre, à sénestre et au-dessus de l'écu.

Contre-Secau.

Rond, 22ᵐᵐ.

Légende. — † CONTRA SIGILLVM ENGOLISME.

Dessin. — Ecu aux mêmes armes, dans une rosace à six lobes.

(Archives départementales de la Charente).

Nº **258**   ANGOULÊME (CONTRATS D').

1443.

Rond, 47ᵐᵐ. — Acte de Jehan Norbert, « garde du seel establi aux contraitz Engolesme par Monseigneur le Comte du dit lieu » 27 juin 1443).

Légende. — seel aux contraux dangoulesme.

Dessin. — L'écu de France au lambel de trois pendants (Orléans), tenu par un ange.

Contre-Secau.

Légende. — contre seel dangoulesme.

Dessin. — L'écu de la face.

(Archives nationales. *Inventaire Douët d'Arcq*, nº 1507).

---

[1] Armes de Jeanne de France, reine de Navarre, comtesse d'Angoulême.

N° **259**   ANGOULÊME (CONTRATS D').

1452-1495.

Rond, 52^{mm} (1). — Actes divers (1452, 1477, 1485, 1495).

Légende. — † seel aux contracts dangoulesme.

Dessin. — Un ange aux ailes éployées tenant un écu aux armes d'Orléans (semé de fleur de lys, au lambel de trois pendants). L'écu accosté de deux palmes.

Contre-Sceau.

Légende. — Une étoile. contrats dangoulesme

Dessin. — Un écu aux mêmes armes.

(Archives départementales de la Charente).

N° **260**   ANGOULÊME (CONTRATS D') (2).

1528.

Rond, 42^{mm}.

Légende. — SCEL AVX CONTRACTS DANGOVLESME.

Dessin. — Ecu en accolade parti : au 1, de France, et au 2, à une demi-croix (Savoie), timbré d'une couronne ducale et accompagné d'une cordelière.

Contre-Sceau.

Rond, 26^{mm} .

Légende fruste.

Dessin. — Un écu aux mêmes armes.

(Archives départementales de la Charente).

---

(1) Michon (p. 83 et pl. VII, n° 32) décrit un sceau qu'il dit avoir vu pendu à une charte de 1452 (Archives départementales de la Charente, liasse H. 358), et qui porterait la légende suivante, en gothique : *Sigill.... contr.... eng....* mais il paraît avoir fait erreur, car sur les fragments qui ont permis la reconstitution du sceau ci-dessus, il n'y a pas de doute sur la légende.

(2) Ce sceau était celui des contrats sous Louise de Savoie, mère de François Ier, en faveur de laquelle le comté d'Angoulême avait été érigé en duché-pairie. (Voir ci-dessus le n° 29).

N° **261** ANGOULÊME (PRÉVOTÉ D').

1309.

Rond, 48ᵐᵐ. — Acte de Johannes des Doys, prévôt d'Angoulême (dimanche après la Saint-Michel 1309.)

Légende détruite.

Dessin. — Ecu parti de France et du burelé des Lusignan ; flanqué de rinceaux et accosté d'étoiles.

Contre-Sceau.

Légende. — † CONTRASIGILLVM.

Dessin. — L'écu de France à trois fleurs de lys, timbré d'un croissant.

(Archives nationales. *Inventaire Douët d'Arcq*, n° 4729).

N° **262** ANGOULÊME (SÉNÉCHAUSSÉE DE).

1352.

Sceau rond, 28ᵐᵐ. — Quittance des gages d'Arnaud, viguier de Montguyon, chevalier ; guerres d'Angoumois (Angoulême, 27 avril 1352).

Légende. — ....GOVL..... (... Angoulesme ...).

Dessin. — Fragment d'écu paraissant écartelé d'un lion et d'un château ?

(*Clairambault*, n° 181).

N° **263** ANGOULÊME (SÉNÉCHAUSSÉE D').

1441.

Petit sceau rond.

Sans légende.

Dessin. — Un écu aux armes d'Orléans.

(Archives départementales de la Charente).

N° 264   ANGOUMOIS (GOUVERNEMENT D').

1533-1534.

Rond, 25^{mm}. — Montres du 31 mai 1533 et du 30 novembre 1534.

Légende. — ...UER... D'ENGOLMOIS ET DE XANTONGE

(Gouvernement d'Engolmois et de Xantonge).

Dessin. — Ecu losangé, entouré de rinceaux.

(Bibliothèque nationale, Mss. — *Clairambault*, t. 120).

Observations. — On est tout d'abord porté à penser, d'après la légende, que les armes figurées sur le sceau sont celles d'Angoulême ancien, losangé d'or et de gueules.

Toutefois, l'acte de 1534 s'exprime ainsi : « Nous, Jehan de La Roche, chevalier, seigneur de La Rochebeaucourt, conseiller et chambellan du roy nostre sire, son sénéschal en Xainctonge et gouverneur d'Angolmois, ... avons signé ces présentes de nostre main et fait sceller du scel de nos armes. »

D'où l'on pourrait inférer que les armes sont celles de la maison de La Rochebeaucourt : losangé de gueules et d'argent.

N° 265   BOUTEVILLE [1] (CONTRATS DE).

1457.

Rond, 36^{mm}. Hommage rendu à l'évêque d'Angoulême par Jean de Frondebœuf pour le fief de La Palud (1457).

Légende. — ... ONTRACT..... (.... contracts ....)

Dessin. — Ecu fleurdelysé, au lambel de trois pendants, accosté de palmettes et entouré de trois accolades.

Contre-Sceau.

Rond, 20^{mm}.

Légende. — C'. S'. AD. CONTRACT. DE. BOUTEVILA

(Contrasigillum ad contractus de Boutevillâ).

Dessin. — Ecu aux mêmes armes.

(Archives départementales de la Charente, fonds de l'évêché).

----

(1) Fief relevant du comté d'Angoulême. Aujourd'hui commune de Bouteville, canton de Châteauneuf, arrondissement de Cognac.

N° 266   BOUTEVILLE (CONTRATS DE).

1539.

Rond. — Reconnaissance faite au prieur de Bouteville par Jean Prévost pour les terres qu'il tient de son prieuré sur la paroisse de Jarnac (1539).

Sans légende.

Dessin. — Ecu parti à une fleur de lys et à une demi-croix (Savoie).

(Archives départementales de la Charente, fonds de Bouteville).

N° 267   GOURVILLE [1] (CONTRATS DE).

1493.

Rond, de grande dimension.

Légende détruite.

Dessin. — Ecu aux armes de La Rochefoucauld [2].

(Archives départementales de la Charente).

N° 268   LA FAYE [3] (CONTRATS DE).

1516.

Rond, 40mm. — Acte passé « en la court du scel estably à La Faye pour monseigneur dudit lieu (Loys de La Tousche, escuyer, seigneur de La Faye) (pénultième d'octobre 1516). »

Légende. — seel des contr .... ..ie de la .... e

(Seel des contrats [de la] châtellenie de La Faye).

Dessin. — Ecu au lion rampant couronné, timbré d'une branche de laurier couchée.

Contre-Sceau.

Sans légende.

Dessin. — L'écu de la face.

(Archives nationales. *Inventaire Douët d'Arcq*, n° 4548).

---

[1] Fief relevant de la châtellenie de Marcillac ; aujourd'hui commune de Gourville, canton de Rouillac, arrondissement d'Angoulême.
[2] « Avec cette particularité remarquable que les burelles sont très petites et en nombre considérable. » (Michon, p. 83 et 84).
[3] Châtellenie sur la commune actuelle de Mouthiers, canton de Blanzac, arrondissement d'Angoulême.

N° **269**   LA ROCHEFOUCAULD [1] (CONTRATS DE).

XVᵉ SIÈCLE.

Rond, 45 à 50ᵐᵐ.

Légende fruste [2].

Dessin. — Une porte de ville à trois tours couronnées de mâchicoulis, celle du milieu plus important que les deux autres ; au-dessus de la porte, un grand écusson aux armes de La Rochefoucauld.

Contre-Sceau.

Rond, 32ᵐᵐ environ.

Légende fruste [3].

Dessin. — Un écu aux armes de La Rochefoucauld, accosté de palmettes.

(Archives départementales de la Charente. — Michon, p. 83 et pl. VII, fig. 36 et 36 bis).

N° **270**   MARCILLAC [4] (CONTRATS DE).

Rond, 40ᵐᵐ environ.

Légende détruite.

Dessin. — Ecu droit aux armes de La Rochefoucauld (le premier chevron écimé), supporté par deux mélusines.

Contre-Sceau.

Rond, 25ᵐᵐ.

Légende. — ...DE MARCILLAC.

Dessin. — Ecu droit aux mêmes armes, accosté de palmettes. Un fleuron au-dessus de l'écu.

(Archives départementales de la Charente).

---

(1) Aujourd'hui chef-lieu de canton, arrondissement d'Angoulême.

(2) Michon donne la légende suivante : **scel aux contracts a la rochefoucaud** ; mais il n'y a pas trace de légende sur son dessin.

(3) D'après Michon : **contre scel : a la rochefon.** Même observation.

(4) Fief appartenant à la maison de La Rochefoucauld ; aujourd'hui commune de Marcillac-Lanville, canton de Rouillac, arrondissement d'Angoulême.

N° 271   MARTHON [1] (CONTRATS DE).

1475.

Rond, 40ᵐᵐ. — Aveu fourni à Raoul, évêque d'Angoulême, par Vigier, seigneur de La Mothe (2 avril 1475).

Légende. — SIGILLVM AD CASAS [2] DE MARTO...

(Sigillum ad causas de Martonio).

Dessin. — Ecu droit aux armes de La Rochefoucauld, le premier chevron écimé [3] ; trois dragons, l'un au-dessus de l'écu, les deux autres à dextre et à sénestre.

Contre-Sceau.

Rond, 24ᵐᵐ.

Légende. — † SIGILLVM. CVRIE. DE. MARTHONIO.

Dessin. — Ecu droit aux mêmes armes (le premier chevron écimé).

(Archives départementales de la Charente).

N° 272   MONTBRON [4] (CONTRATS DE).

1580.

Rond.

Légende. — ...ꝺe monberoux.

Dessin. — Un écu aux armes de Montmorency [5] (d'or, à la croix de gueules cantonnée de seize alérions d'azur).

(Archives départementales de la Charente. — Michon, p. 83).

---

(1) Aujourd'hui commune de Marthon, canton de Montbron, arrondissement d'Angoulême.
(2) *Sic* pour *causas*.
(3) La pointe eût dépassé le bord supérieur de l'écu.
(4) Aujourd'hui chef-lieu de canton, arrondissement d'Angoulême.
(5) Armes d'Anne de Montmorency, connétable de France. seigneur de Montbron.

N° **273**   MONTBRON (CONTRATS DE) [1].

XVI⁰ siècle.

Rond, 40ᵐᵐ.

Légende. — S. AUX CONTRACTS DE LA BARONIE DE MONTBERON

(Seel aux contracts de la baronie de Montberon).

Dessin. — Ecu aux armes de Montmorency.

(Matrice en cuivre au musée de Poitiers, n° 6941 du catalogue intitulé : *Notice des tableaux, etc.,* composant *les collections de la ville de Poitiers,* par M. Brouillet, deuxième partie).

N° **274**   MONTIGNAC [2] (CONTRATS DE).

1314-1318.

Rond (fragment), 25ᵐᵐ environ. — Hommage rendu par Thibaud (?) à Ollivier, évêque d'Angoulême, pour ses terres du Bouchard (1314) et à un autre hommage rendu par le même à l'évêque Gailhard (1318).

Légende. — † .... CASTELLA....   (... castellanie...)

Dessin. — Ecu droit burelé, à sept merlettes rangées en orle (Lusignan-Valence).

Contre-Sceau.

Rond, 20ᵐᵐ environ.

Légende. — CS' AD CAS ....

(Contrasigillum ad causas ....)

Dessin. — Ecu droit burelé, à cinq merlettes, 2, 2 et 1.

(Archives départementales de la Charente. — Lièvre, *Exploration archéologique du département de la Charente, canton de Saint-Amand-de-Boixe*).

---

[1] Cette matrice est peut-être celle sur laquelle a été prise l'empreinte décrite à l'article précédent ; les détails donnés par M. l'abbé Michon, d'après un exemplaire fruste, et par le catalogue du musée de Poitiers, ne sont pas assez précis pour qu'on puisse se prononcer. En tous cas, cette matrice ne saurait remonter au XV⁰ siècle, comme l'indique le catalogue, puisque la baronnie n'est entrée dans la maison de Montmorency qu'en 1525.

[2] Fief, plus tard baronnie ; aujourd'hui commune de Montignac-Charente, canton de Saint-Amand-de-Boixe, arrondissement d'Angoulême.

N° 275   MONTIGNAC (CONTRATS DE).

1509.

Rond, 30^{mm}. — Aveu fourni par Jean Plaute à Antoine d'Estaing, évêque d'Angoulême, pour le fief de la Poyade, paroisse de Génac (10 mai 1509).

Sans légende.

Dessin. — Ecu aux armes de La Rochefoucauld (le premier chevron est brisé, la pointe eût dépassé le bord supérieur de l'écu), l'écu accosté de deux tiges de roseau.

(Archives départementales de la Charente, fonds de l'évêché d'Angoulême.—Lièvre, *Exploration archéologique de la Charente, canton de Saint-Amand-de-Boixe*).

N° 276   MOUTON [1] (CONTRATS DE).

COMMENCEMENT DU XVIe SIÈCLE.

Rond, 45^{mm}. — Dénombrement rendu par Guillaume Dexmier, écuyer, à Hugues de Bauza, évêque d'Angoulême, pour son ébergement de Saint-Amand-de-Bonnieure.

Légende. — scel aux contrats de mouton

Dessin. — Dans une bordure perlée, un écu à un mouton couché, la tête contournée et regardant à sénestre, accompagné d'une bannière à une bande, et de trois quintefeuilles, 2 et 1, posées en chef dans le quartier dextre de l'écu, qui est timbré d'une crosse dont on ne voit que la volute, dirigée vers la dextre [2]. Entre la bordure de perles et la bordure extérieure, qui est formée par un filet, la légende, qui est précédée et suivie d'un petit rameau.

Contre-Sceau.

Rond, 21^{mm}.

Sans légende.

Dessin. — Dans un cercle de perles, un mouton, passant vers la dextre, la tête contournée vers sénestre ; derrière le mouton, un arbuste à trois tiges.

(Archives départementales de la Charente).

---

[1] Aujourd'hui commune de Mouton, canton de Mansle, arrondissement de Ruffec.
[2] L'église de Mouton était le siège d'un prieuré conventuel dépendant du diocèse de Poitiers.

N° **277**   PRANZAC [1] (CONTRATS DE).

1472.

Rond (fragment), 30ᵐᵐ environ. — Aveu fourni par Jean Renouard, seigneur de Pranzac, à Raoul, évêque d'Angoulême (1472).

Légende. — ...PRAN.....

(... **Pranzac** ...).

Dessin. — Ecu droit à trois fasces frettées, accosté de deux rameaux.

(Archives de l'évêché d'Angoulême, fief de Feuillade).

N° **278**   TOUR-BLANCHE [2] (CONTRATS DE LA)

1352.

Rond, 24ᵐᵐ. — Acte relatif au paiement des gages de Breton de Giry, chevalier, pour les guerres d'Angoumois et de Périgord, ledit acte donné « soubz le seel dont l'on use ès contraux de La Tour-Blanche pour le connétable de France » [3] (15 février 1352, n. st.).

Légende détruite.

Dessin. — Ecu écartelé : au 1, à un semis de fleurs de lys (d'azur, semé de fleur de lys d'or, qui est de France) ; aux 2 et 3, à un château (de gueules, au château sommé de trois tours d'or, qui est de Castille) ; au 4, à un lion (d'argent, au lion couronné de gueules, qui est de Léon).

(*Clairambault*, n° 8980).

---

(1) Aujourd'hui commune de Pranzac, canton de La Rochefoucauld, arrondissement d'Angoulême.

(2) Aujourd'hui commune de La Tour-Blanche, canton de Verteillac, arrondissement de Ribérac (Dordogne). Cette châtellenie était enclavée dans le Périgord, quoiqu'elle dépendît de l'Angoumois.

(3) Charles d'Espagne, descendant des infants de La Cerda, héritiers légitimes de la couronne de Castille.

N° **279** · VILLEBOIS[1] (CHATELLENIE DE).

1322-1349.

Rond, 42ᵐᵐ environ. — Actes divers de 1322, 1346, 1347, 1349.

Légende. — .... ASTELLANIE....

(.... castellanie...).

Dessin. — Ecu parti de France (semé de fleurs de lys) et de Navarre, timbré d'une tête de bœuf et accosté de deux tours à trois donjons ; le tout dans un quadrilobe dont la bordure est chargée de petits ornements en forme de tête de clou ; les intervalles des lobes sont remplis par des trèfles.

Contre-Sceau.

Rond.

Légende. — † CONTRAS VILEBOVIS

(Contrasigillum Villebovis).

Dessin. — Ecu aux mêmes armes, dans une rosace gothique à six lobes circonscrits dans un cercle formé d'un tore.

(Archives départementales de la Charente).

N° **280** VILLEBOIS (CHATELLENIE DE).

1364.

Rond, petite dimension. — Acte d'hérédité particulière daté de la fête de sainte Madeleine (22 juillet 1364).

Légende détruite.

Dessin. — Ecu écartelé : aux 1 et 4, de France ; aux 2 et 3, de gueules, à trois léopards d'or, (armés et lampassés d'argent), passants l'un sur l'autre (Bouchard).

(Archives départementales de la Charente.)

---

(1) *Villebovis*, aujourd'hui Villebois-La-Valette, chef-lieu de canton, arrondissement d'Angoulême. Fief érigé en duché-pairie au XVI⁰ siècle, sous le nom de La Valette.

N° **281**   VILLEBOIS (CHATELLENIE DE).

XIV° SIÈCLE.

Rond, 42ᵐᵐ environ.

Légende. — ... T.LLANIE .....

(.... castellanie ....)

Dessin. — Ecu droit parti de France et de Navarre, cimé d'une tête de bœuf et accostée à dextre et à sénestre d'une tour.

Contre-Sceau.

Rond, 21ᵐᵐ.

Légende. — † CONTRA : S. VILLEBOVIS.

(Contrasigillum Villebovis).

(Archives départementales de la Charente. — Michon, p. 83 et pl. VII, fig. 37 et 38).

N° **282**   VILLEBOIS (CONTRATS DE).

1303.

Sceau rond, 35ᵐᵐ environ. — Plusieurs chartes de 1303.

Légende détruite.

Dessin. — Ecu aux armes de Lusignan.

Contre-Sceau

Rond, 24ᵐᵐ.

Légende. — † CONTRAS' AD CAVSAS

(Contrasigillum ad causas).

Dessin. — Ecu aux mêmes armes, timbré d'un fleuron. A dextre de l'écu, la lettre C ou E ; à sénestre, une croix.

(Archives départementales de la Charente),

N° **283**

VILLEBOIS (CONTRATS DE).

1343.

Rond, 40^{mm}. — Charte datée du dimanche où l'on chante *Oculi*, 1343.

Légende détruite.

Dessin. — Ecu semé de fleurs de lys, à une cotice brochant sur le tout ; à dextre et à sénestre, un fleuron.

Premier contre-sceau.

Rond.

Légende. — QVONTRA. S AD CONTRACTS

(Quontrasigillum ad contractus).

Dessin. — Ecu aux mêmes armes.

Second contre-sceau.

Rond.

Légende. — † CONTRAS' AD CORTEM

(Contrasigillum ad cortem).

Dessin. — Ecu aux mêmes armes.

(Archives départementales de la Charente).

N° **284**

VILLEBOIS (CONTRATS DE).

1572.

Rond, 45^{mm}. — Quittance donnée par François Raymond, écuyer, sieur du Maine, par-devant les notaires « juges de la cour du scel aux contracts de Villeboys pour Madame [1] dudit lieu » (29 avril 1572).

Légende fruste.

Dessin. — Ecu parti d'Anjou-Mézières et de Mareuil [2]. Couronne à trois grands fleurons. L'écu est entouré d'une cordelière de veuve.

(Bibliothèque nationale, Mss. Pièces originales, Villebois).

---

[1] Voir le n° 154.

[2] Voir le même numéro pour la description des armes. Mais il y a lieu de noter que sur le cachet que nous décrivons, le blason d'Anjou-Mézières ne paraît pas avoir été reproduit exactement : on n'aperçoit ni le franc-canton ni la bordure, soit parce que l'empreinte est sur papier et très-effacée, soit parce que l'espace a manqué au graveur ; de plus, la barre est remplacée par une cotice.

IVᵉ Série. — SÉNÉCHAUX D'ANGOUMOIS.

Nᵒ **285**   LE BOUTEILLER (GUILLAUME),

CHEVALIER.

1386.

Rond, 24ᵐᵐ. — Quittances de gages pour les guerres de Guienne (Poitiers, 4 septembre 1386).
Légende. — S' GVILLE LE BOVTEL.....

(Seel Guillaume Le Bouteiller).

Dessin. — Ecu portant un écartelé plain au lambel (écartelé d'or et de gueules), penché, timbré d'un heaume cimé d'une tête d'homme barbu, supporté par deux lions.
(Clairambault, nᵒ 1410).

Nᵒ **286**   MONTBRON (JACQUES DE).

1387, 1389, 1393.

Voir ci-dessus les nᵒˢ 170-172.

Nᵒ **287**   BATAILLE (GUILLAUME) [1].

1405.

Rond, 29ᵐᵐ. — Quittances de gages pour les guerres de Guienne (6 février 1405, n. st.)
Légende. — GUILLAUME BATAILLE.

Dessin. — Ecu portant trois coquilles au lambel, penché, timbré d'un heaume cimé d'une tête d'ours, supporté par deux lions.
(Clairambault, nᵒ 688).

---

[1] Chevalier bannerot.

Vᵉ Série — OFFICES.

N° **288**
AGES (JEAN DES),

PROCUREUR GÉNÉRAL EN ANGOUMOIS.

1411.

Rond (fragment). — Quittance donnée par Jean des Ages, « procureur général en Engolmois pour hault et puissant prince monsieur le comte d'Angolesme », pour ses gages, à Jean La Ayrche, receveur général d'Angoumois (11 juin 1411).

Légende détruite.

Dessin. — Un écu fleurdelysé.

(Bibliothèque nationale, Mss. Pièces originales, dossier des Ages).

Observations. — L'écu fleurdelysé montre que le sceau était celui de l'office, et non le sceau personnel de Jean des Ages.

N° **289**
BERMONT (HÉLIOT),

ÉCUYER, COMMIS A RECEVOIR LES MONTRES AU PAYS D'ANGOUMOIS.

1357.

Rond, 20ᵐᵐ. — Montre de Hugues Bouchart, écuyer, reçue à Angoulême le 17 janvier 1357, n. st.

Légende. — .....BER....

(.... Bermont ...).

Dessin. — Ecu à l'aigle [1].

(*Clairambault*, n° 922).

N° **290**
BRÉMONT (PIERRE),

CHATELAIN DE COGNAC.

Voir ci-dessus le n° 48.

---

(1) Ce blason semble indiquer qu'Héliot Bermont appartenait à la famille Brémont ou Bermond, dont on a donné plusieurs sceaux ci-dessus (voir les n°ˢ 48-50), et qui portait : d'azur, à l'aigle à deux têtes éployée d'or, au vol abaissé, languée de gueules.

N° **291** CHABANAIS (JEAN DE),

CAPITAINE DE COGNAC.

1420.

Rond (fragment). — Quittance de gages donnée par Jean de Chabanes [1], écuyer d'écurie de Monsieur le duc d'Orléans et « capitaine de son chastel de Cougnac-sur-Charente », à Pierre Rénier, trésorier-général de M. le duc (11 janvier 1420).

Légende ?

Dessin. — Ecu penché à deux lions léopardés, timbré d'un heaume cimé de....., supporté à sénestre par un griffon ; le support de dextre ne subsiste plus.

(Bibliothèque nationale, Mss. Nouvelles acquisitions françaises, t. 3645 *bis*, n° 1355).

N° **292** CHAFFROIS (PIERRE),

CHEVALIER, CAPITAINE D'AUBETERRE [2].

1340.

Rond, 28^{mm}. — Gages des gens d'armes de sa compagnie (Pons, 20 septembre 1340).

Légende. — ...E CHA.....

(Pierre Chaffrois).

Dessin. — Ecu fascé de six pièces, à la bordure chargée de feuilles ?, dans un trilobe.

(*Clairambault*, n° 2056.)

N° **293** CHATELLIERS (HUET DES),

ÉCUYER, CAPITAINE ET CHATELAIN DU PETIT CHATELET D'ANGOULÊME.

1353.

Rond, 20^{mm}. — Quittance de gages relative aux guerres de l'Angoumois (25 mars 1353).

Légende. — S HVE. .ES CHAT.

(Seel Huet des Chatelliers).

Dessin. — Ecu portant une croix pattée, au lambel.

(*Clairambault*, n° 2311).

---

(1) Nous pensons qu'il faut lire *Chabanès*, les armes étant celles des Chabanais. Il est assez probable que ce Jean de Chabanes est le même dont nous avons décrit ci-dessus un autre sceau sous le nom de Chabanais. (Voir le numéro 87).

(2) Aujourd'hui chef-lieu de canton, arrondissement de Barbezieux.

Nº **294**   CHATILLON (ARNAUD DE),

CHEVALIER, CAPITAINE D'AUBETERRE [1].

1354.

Rond, 22ᵐᵐ. — Quittance de gages (Angoulême, juin 1354).

Légende. — S RENAVT D. ....ST. LO.

(Seel **Renaut de Chastillon**).

Dessi·. — Ecu parti à trois chevrons de l'un en l'autre, penché, timbré d'un heaume cimé d'un vol aux armes.

(*Clairambault*, nº 2322).

Nº **295**   CRAON (AMAURY DE) [2] ,

LIEUTENANT DU ROI EN ANGOUMOIS.

1351.

Rond, 31ᵐᵐ. — Quittance donnée par Amaury de Craon, lieutenant du roi en Poitou, Saintonge, Angoumois et Périgord par deçà la Dordogne (Poitiers, 17 mai 1351 ; Niort, 25 mai 1351).

Légende. — S' AMAVRI : SIRE DE : CRAON.

(Seel **Amauri, sire de Craon**).

Dessin. — Ecu losangé (d'or et de gueules), penché, timbré d'un heaume cimé d'un coq, sur champ réticulé semé de fleurettes.

(Bibliothèque nationale, Mss. Pièces originales, Craon).

Nº **296**   DUPUY (GÉRAULD),

SERGENT ALLOUÉ DE GUILLAUME GUION [3].

1452.

Rond, 25ᵐᵐ. — Ajournement daté de 1452.

Sans légende.

Dessin. — Une fleur-de-lys, au centre d'une double bordure de filets.

(Archives départementales de la Charente).

---

(1) Aujourd'hui chef-lieu de canton et arrondissement de Barbezieux.

(2) Fils de Maurice de Craon et de Marguerite de Mello, marié à Péronelle (ou Péronelle) de Thouars, fille de Louis vicomte de Thouars et de Jeanne comtesse de Dreux ; mort le 30 mai 1373.

(3) Voir ci-après le nº 302.

N° 297   ÉPINAC (GUILLAUME D'),

ÉCUYER, CHATELAIN DU GRAND CHATEAU D'ANGOULÊME.

1354.

Rond, 24ᵐᵐ. — Quittance de gages pour la garde du grand château d'Angoulême (Angoulême, 4 juillet 1354).

Légende. — S... D ... DESP...C.

(Seel de [Guillaume] d'Espinac).

Dessin. — Ecu d'hermines, à trois lions, au bâton en bande brochant, dans un quadrilobe.

(*Clairambault*, n° 3328).

N° 298   ESTAING (JEAN D') [1],

CLERC DU ROI.

1321.

Rond (petite dimension). — Acte constitutif d'une rente consentie par l'hôpital de Montbron en faveur de l'abbaye de Saint-Cybard (1321).

Sans légende.

Dessin. — Au centre de deux rosaces gothiques à cinq lobes et concentriques, écu portant un chevron accompagné de trois étoiles, deux en chef et une en pointe, à un chef plain.

(Archives départementales de la Charente, fonds de l'abbaye de Saint-Cybard).

---

(1) *Joannes de Stanno.*

N° **299**   FONTAINES (JEAN DE)[1],

COMMIS A RECEVOIR LES MONTRES EN LA CONTRÉE D'ANGOULÊME.

1353.

Rond, 20^{mm}. — Montre de Perrot de Villemon, écuyer, reçue à Angoulême le 1er avril 1353.

Légende. — † S IEHAN DE FONTAINNES CHR.

(Seel Jehan de Fontainnes, chevalier).

Dessin. — Ecu à cinq châteaux, 2, 2 e 1.
(*Clairambault*, n° 3693).

N° **300**   GÉRAUD (JEAN),

SÉNÉCHAL DES TERRES DE L'ÉVÊCHÉ D'ANGOULÊME.

1487-1496.

Petit sceau rond.

Sans légende.

Dessin. — Ecu à une tour crénelée accompagné de trois étoiles, deux en chef et une en pointe ; l'écu accosté de palmettes.

(Archives départementales de la Charente. — Mallat, *Sigillographie ecclésiastique de l'Angoumois*, p. 17).

---

(1) Chevalier, lieutenant de Monseigneur Jean de Clermont.

N° **301**   GRANTMONT (BERTRAND DE),

CAPITAINE D'AUBETERRE [1].

1449.

Rond, 33^{mm}. — Quittance datée de Ségur, le 6 août 1449.

Légende. — S B...TR ....

(Seel Bertrand .....)

Dessin. — Ecu à un lion, penché, timbré d'un heaume à lambrequins cimé d'un lion issant (?). Rinceaux et étoiles dans le champ.

(P. Raymond, *Sceaux des Archives du département des Basses-Pyrénées*, n° 343).

N° **302**   GUION (GUILLAUME),

SERGENT DU COMTÉ D'ANGOULÊME.

1459.

Rond (petite dimension).

Sans légende.

Dessin. — Ecu écartelé : aux 1 et 4, à une étoile ; aux 2 et 3, à trois tourteaux ou besants, 2 et 1. Au-dessus de l'écu, les lettres I H séparées par une étoile. L'écu accosté de deux palmettes.

(Archives départementales de la Charente.)

---

(1) L'analyse de l'acte ne donne pas de détails ; mais il parait bien probable qu'il s'agit d'Aubeterre en Angoumois (aujourd'hui chef-lieu de canton, arrondissement de Barbezieux).

N° **303**   JULIEN (AMAURY),

SÉNÉCHAL DES TERRES DE L'ÉVÊCHÉ.

1475.

Rond.

Sans légende.

Dessin. — Ecu à un château, penché, cimé d'un casque sans lambrequins et supporté par deux lévriers.

(Archives départementales de la Charente. — Mallat, *Sigillographie ecclésiastique de l'Angoumois*, p. 17).

N° **304**   LA CELLE (HUGUES DE),

CHEVALIER, GARDE POUR LE ROI DES COMTÉS DE LA MARCHE ET D'ANGOULÊME.

1311.

Rond, 30ᵐᵐ. — Accord entre le roi et Béatrix de La Marche touchant la chasse des forêts de Coignac, Lusignan et Merpins, accord passé par « Hugues de La Celle, chevalier nostre seignour le roy de France, et garde pour li des contez de La Marche et d'Angolesme » (Lusignan, le samedi après carême-prenant 1311).

Légende. — † S' HUGONIS : DE CE..A : MILITIS

(Sigillum Hugonis de Cellâ, militis).

Dessin. — Dans un encadrement quadrilobé, écu portant une fasce accompagnée de billettes en orle et brisée d'un bâton.

Contre-Sceau.

Dans une rosace gothique, les lettres H C.

(Archives nationales. *Inventaire Douët d'Arcq*, n° 1661).

17

N° **305** LA MARE (GUILLAUME DE),

SERGENT DU COMTÉ D'ANGOULÊME.

1464.

Rond (petite dimension).

Sans légende.

Dessin. — Une figure d'homme entourée de rayons.

(Archives départementales de la Charente, fonds du comté d'Angoulême).

N° **306** LAVERGNE (PIERRE DE),

CHEVALIER CHARGÉ DE LA GARDE DU PETIT CHATELET D'ANGOULÊME.

1354.

Rond, 25^{mm}. — Quittance de gages (Angoulême, 28 juin 1354).

Légende détruite.

Dessin. — Ecu portant trois losanges au lambel, dans un quadrilobe.

(*Clairambault*, n° 5141).

N° **307** LA VERGNE (LIGON DE),

ÉCUYER, LIEUTENANT DE GUILLAUME LE BOUTEILLER, SÉNÉCHAL D'ANGOULÊME.

1386.

Sceau rond, 24^{mm}. — Quittance de gages pour les guerres de Guienne (5 décembre 1386).

Légende. — .... LIGON ....GNE

(Seel **Ligon de La Vergne**).

Dessin. — Ecu à la bande accompagnée de....

(*Clairambault*, n° 9364).

N° **308**   LOLAINVILLE (PIERRE DE),

SERGENT ROYAL AU COMTÉ D'ANGOULÊME.

1315.

Rond (petite dimension). — Assignation donnée à Guillaume de La Roche-Andry de comparaître devant le lieutenant du sénéchal de Saintonge (le lendemain de la fête de la Pentecôte 1315).

Sans légende.

Dessin. — Ecu à trois aiglettes.

(Archives départementales de la Charente).

N° **309**   MORTAGNE (GEOFFROI DE)[1],

COMMISSAIRE DU ROI EN ANGOUMOIS.

1317.

Rond, 25^{mm}. — Quittance pour gages d'hommes d'armes au château de Courbefy (16 avril 1317). Légende détruite.

Dessin. — Ecu portant une bande, à la bordure engrêlée.

(*Clairambault,* n° 6512).

N° **310**   MORTAGNE (PONS DE)[2],

CAPITAINE DE LA SÉNÉCHAUSSÉE D'ANGOUMOIS.

1328.

Rond, 28^{mm}. — Gages des soudoyers du roi (Taillebourg, 13 juin 1328). Légende détruite.

Dessin. — Ecu au pal accosté de douze losanges posées 2, 1, 2, 1, de chaque côté[3], penché, timbré d'un heaume à volet, supporté à dextre par un lion, dans un quadrilobe.

(*Clairambault,* n° 6518).

---

[1] Chevalier, seigneur de Roussillon, commissaire du roi en Saintonge, Poitou, Angoumois, etc. — Dans le texte, *Gaufridus de Mauritania* (Mortagne-sur-Gironde, aujourd'hui département de la Charente-Inférieure).

[2] Chevalier du roi, vicomte d'Aulnay, capitaine des sénéchaussées de Poitou, Saintonge, Angoumois et Limousin.

[3] De gueules, au pal d'or accompagné de douze losanges du même, six de chaque côté, posées 2 et 1.

N° **311**   MORTAGNE DE ROUSSILLON (GIRARD DE) [1],

LIEUTENANT DE GÉRARD DE MORTAGNE, SIRE DE ROUSSILLON ET CAPITAINE DE COGNAC.

1340.

Rond, 21ᵐᵐ. — Quittance de gages de la garnison de Cognac (Pons, 11 septembre 1340).

Légende. — ... ART D.. ......

(Girart de.....).

Dessin. — Ecu portant une bande, à la bordure engrêlée, dans un trilobe.

(*Clairambault*, n° 6512).

N° **312**   NÉELLE (GUY DE) [2],

LIEUTENANT POUR LE ROI EN ANGOUMOIS.

1350.

Rond, de petite dimension (fragment). — Ordonnance de paiement délivrée à Jean Chauveau, trésorier des guerres, par Guy de Néelle, sire de Mellou (Mello), maréchal de France, lieutenant pour le roi en Limousin, Poitou, Saintonge, Angoumois et Périgord en deçà la Dordogne (16 novembre 1350).

Légende détruite.

Dessin. — Ecu penché, semé de trèfles, à deux bars adossés (de gueules, semé de trèfles d'or, à deux bars adossés du même), penché, timbré d'un heaume cimé de...., sur champ réticulé.

(Bibliothèque nationale, Mss. Pièces originales, Néelle).

---

(1) La quittance est donnée sous le seul nom de Girard de Roussillon ; mais Girard appartenait certainement à la maison de Mortagne ; c'est ce que prouve l'identité de ses armes avec celles de Geoffroi de Mortagne (voir l'article 309). Il resterait à expliquer pourquoi Geoffroi et Girard de Mortagne avaient un blason différent de celui que portait Pons de Mortagne (voir le numéro précédent), et qui est décrit comme étant le blason véritable dans plusieurs Nobiliaires, notamment dans celui de La Chesnaye-Desbois ; nous n'avons pu en découvrir la raison ; le dossier des *Pièces originales* mentionne les diverses quittances et les sceaux sans éclaircir cette question.

(2) Fils de Jean Iᵉʳ de Néelle, seigneur d'Offemont, et de Marguerite dame de Mello ; lieutenant du roi et capitaine-général ès-parties de l'Artois et du Bourbonnais, puis lieutenant du roi en Limousin, Poitou, Saintonge, Angoumois et Périgord, ensuite capitaine-général et gouverneur ès-partie de Bretagne (22 mai 1352) ; maréchal de France en 1345 ; marié 1° le 23 mai 1342, à Jeanne de Bruyères-le-Châtel, fille de Thomas de Bruyères-le-Châtel, seigneur du lieu ; 2° à Isabeau de Thouars, fille de Louis vicomte de Thouars et de Jeanne comtesse de Dreux ; mort le 14 août 1352. — Guy de Néelle appartenait à la maison de Clermont (en Beauvoisis), qui substitua à son nom celui de Néelle par suite du mariage de Raoul Iᵉʳ de Clermont et de Gertrude de Néelle. — Plus tard, l'orthographe de *Nesle* a prévalu.

N° 313   SAINT-LARY (CÉSAR DE) [1],

SEIGNEUR DE BELLEGARDE, GOUVERNEUR ET LIEUTENANT GÉNÉRAL EN ANGOUMOIS.

1585.

Ovale, 22ᵐᵐ. — Quittance de gages donnée par César de Bellegarde, capitaine de 50 hommes d'armes, etc. (Saintes, 6 octobre 1585).

Sans légende.

Dessin. — Ecu écartelé : aux 1 et 4, à un lion ; aux 2 et 3, une aiguière ; à l'écusson sur le tout chargé d'une cloche [2] ; timbré d'un heaume à lambrequins.

(*Clairambault*, n° 849).

N° 314   SAINTE-HERMINE (ARMAND DE) [3],

CAPITAINE DE CHATEAUNEUF [4].

1354

Rond, 21ᵐᵐ. — Quittance de gages pour la garde de Châteauneuf (Angoulême, 2 juillet 1354).

Légende détruite.

Dessin. — Écu d'hermines, à six merlettes, dans un trilobe.

(*Clairambault*, n° 8314. — Michon, p. 82, pl. VIII, fig. 50).

---

(1) Né vers 1542 ; fils de Roger de Saint-Lary, seigneur de Bellegarde, et de Marguerite de Saluces ; capitaine de 50 hommes d'armes, gouverneur du marquisat de Saluces, gouverneur et lieutenant-général en Angoumois, Saintonge, ville et gouvernement de La Rochelle ; marié à Jeanne du Lion, fille d'Antoine du Lion, seigneur de Prouilly et Gentilly, et de Jeanne de Châteauneuf de Pierre-Buffière, et veuve 1° de François Goumard ; 2° de Léon Bouchard d'Aubeterre ; mort le 27 octobre 1587.

(2) Ecartelé : aux 1 et 4, d'azur, au lion couronné d'or (Saint-Lary) ; aux 2 et 3, de gueules, au vase d'or (Orbessan) ; sur le tout, d'azur, à la cloche d'argent bataillée de sable (Lagorsan).

(3) Marié à Isabelle de Leutard, fille de Seguin de Leutard, chevalier.

(4) Aujourd'hui chef-lieu de canton, arrondissement de Cognac.

VIe Série. — SCEAUX LAÏQUES DIVERS.

N° **315**

CONCIS (SEGUIN DE),

VARLET DE LA CHATELLENIE DE MONTMOREAU [1].

1275.

Rond (fragment). — Hommage rendu à Guillaume, évêque d'Angoulême, pour les terres de Peudry [2] (1275).

Légende. — ... CONC ....

(.... Concis ....).

Dessin. — Ecu à un chevron accompagné en pointe d'un fer de pelle.

(Archives départementales de la Charente).

N° **316**

DOGNON (SEGUIN DE),

VASSAL DE BLANZAC [3].

1276.

Rond, 29^{mm}. — Aveu fourni à Guillaume, évêque d'Angoulême, pour le fief de La Perrière (ou La Pierrière), paroisse de Pérignac [4] (1276).

Légende. — S. GVILL... ...AC.

(Seel Guillaume ....Blanzac).

Dessin. — Ecu burelé de dix pièces.

(Archives départementales de la Charente).

---

[1] Aujourd'hui chef-lieu de canton, arrondissement de Barbezieux.
[2] Aujourd'hui commune de Saint-Martial, canton de Montmoreau.
[3] Aujourd'hui chef-lieu de canton, arrondissement d'Angoulême.
[4] Aujourd'hui commune de Pérignac, canton de Blanzac.

N° 317   MAINFONDS [1] (BENOIT DE) [2],

VARLET.

1296.

Rond, 21ᵐᵐ. — Hommage-lige rendu par Benoît de Mainfonds, pour tout ce qu'il possède dans la paroisse de Mainfonds (*de Magno-Fonte*), à l'évêque d'Angoulême (1296).

Sans légende.

Dessin. — Ecu chargé de besants ou tourteaux en orle. Le centre de l'écu est fruste.

(Archives départementales de la Charente, fonds de l'évêché).

N° 318   RUDEL (HÉLIE) [3].

1317.

Rond, 35ᵐᵐ. — Aveu rendu conjointement par Amauri de Craon et Hélie Rudel, seigneur de Bergerac, pour ce qu'ils possédaient dans les comtés de La Marche et d'Angoulême (Paris, 12 juillet 1317).

Légende. — ... ELIE. RV.... DNI ... BRAGERIA...

(Sigillum Elie Rudelli, domini .... Brageriaci).

Dessin. — Dans une rosace, écu parti : au 1, à deux serres d'aigle mouvantes du flanc sénestre (d'or, à deux pattes de griffon de gueules, qui est Rudel de Bergerac) ; au 2, à une fasce (d'argent, à la fasce bandée d'or et de gueules de six pièces, qui est de Pons).

(Archives nationales. *Inventaire Douët d'Arcq*, n° 3479).

---

(1) Fief qui, joint à celui de Pérignac, relevait de l'évêché d'Angoulême ; aujourd'hui commune de Mainfonds, canton de Blanzac, arrondissement d'Angoulême.

(2) Benoît est probablement le fils d'Hélie de Mainfonds, qui, en 1267, rendit hommage à l'évêque d'Angoulême pour tout ce qu'il possédait au Mas-Batherant, en la paroisse de Mainfonds. (Archives de la Charente, fonds de l'évêché).

(3) Renaud de Pons, dit Hélie Rudel (par substitution aux Rudel de Bergerac), né en 1296, fils de Renaud IV de Pons, seigneur de Bergerac, et d'Isabeau de Lévis ; marié à Marthe d'Albret, fille d'Amanieu VII, sire d'Albret, et de Rose du Bourg, dame de Verteuil et de Blaye ; mort vers 1334 sans postérité.

DEUXIÈME PARTIE

SCEAUX ECCLÉSIASTIQUES.

VIIe Série — ÉVÊQUES D'ANGOULÊME ⁽¹⁾.

N° 319 HUGUES DE LA ROCHEFOUCAULD ⁽²⁾.

1150.

Rond, 41^{mm}. — Lettres données par Gislebert, évêque de Poitiers, Hugues, évêque d'Angoulême, et Raimond, évêque de Périgueux, portant notification d'une donation consentie par l'église
de Fontevrault, en faveur de l'abbaye de La Couronne, au sujet d'un lieu dit *de Agudellâ* (1150).

Légende. — SIGILLVM. VGONIS. EPISCOPI. ENGOLISMENSIS.

Dessin. — Un évêque non mitré, crossé et bénissant. Bordure de filets contenant la légende.

(D'après un dessin du fonds Gargnières. Bibliothèque nationale. Mss. Fonds latin, t. 17021, f° 164).

N° 320 AYQUELIN Ier DE BLAYE.

1243.

Ogival, 53^{mm}. — Charte de 1243.

Légende. — S AYQVELOV DEI GRA EPI ENGOLISMEN AD CONTRAC.

(Sigillum Ayqueloni, Dei graciâ episcopi Engolismensis, ad contractus).

Dessin. — Sur champ ouvragé, évêque debout, vu de face, mitré, crossé et bénissant.

Contre-Seeau.

Légende. — † S AYQLI ENGOL AD CAS.

Dessin. — Buste d'évêque, issant d'une terrasse. Au-dessous, la lettre E.

(Archives nationales. *Inventaire Douët d'Arcq*, n° 6455).

---

(1) Les notices concernant les évêques présentent beaucoup de lacunes, bien que nous ayons consulté un grand nombre de documents,
et notamment la *Statistique monumentale* de l'abbé Michon (p. 87) et le *Gallia christiana* (t. II, p. 978) ; les catalogues donnés par ces
deux derniers ouvrages laissent beaucoup à désirer, tant au point de vue de la chronologie qu'à celui de la biographie.

(2) Evêque d'Angoulême de 1148 à 1159, d'après l'abbé Michon et Mgr Cousseau. — Il n'est pas mentionné dans les généalogies de la
famille de La Rochefoucauld ; toutefois l'abbé Michon dit en termes exprès (p. 90) qu'il appartenait à cette maison.

N° **321**   RAOUL.

1247.

Ogival, environ 55ᵐᵐ sur 40.

Légende. — ...IGILVM RADVL.....

(Sigillum Radulphi...).

Dessin. — L'évêque debout, revêtu de la chape, mitré, crossé et bénissant.

Contre-Sceau.

Rond, 39ᵐᵐ.

Légende. — SECRETVM MEVM.

Dessin. — Un personnage à cheval faisant face à un autre personnage à pied, lequel est revêtu d'une tunique.

(Archives départementales de la Charente, fonds de l'évêché. — Mallat, p. 9).

N° **322**   ROBERT DE MONTBRON [1].

1264.

Ogival.

Légende. — † ....GOL......

(...... Engolismensis).

Dessin. — L'évêque debout, mitré, crossé et bénissant.

Contre-Sceau.

Légende. — † ...A : SIGILLVM.

(Contrasigillum).

Dessin. — Un éléphant.

Archives départementales de la Charente, fonds de l'évêché. — Mallat, p. 9).

---

[1] Fils de Robert III de Montbron et de Jeanne N. ; évêque d'Angoulême en 1255 ; mort en 1260 d'après le *Gallia christiana*, ce qui ne concorde pas avec la date de l'acte ci-dessus.

N° **323**   GUILLAUME DE BLAYE.

1273-1297-1304.

Ogival, 55^{mm}. — Codicille du testament de Hugues Le Brun, comte de La Marche (samedi après l'Annonciation [28 mars] 1304). — Autre exemplaire, avec un contre-sceau différent, appendu à une charte de l'an 1297. — Autre exemplaire à la date de 1273 (Mallat).

Légende. — S' WILLI D' BLAVIA DI GRA EPI ENGOLISM.

(Sigillum Willelmi de Blaviâ, Dei graciâ episcopi Engolimensis).

Dessin. — Sur champ à rinceaux, évêque debout, vu de face, mitré, crossé et bénissant.

Premier contre-sceau.

Légende. — ....E GVILLI EPI ENG.....

(......e (?) Guillelmi, episcopi Engolismensis).

Dessin. — Evêque vu de face, sortant à mi-corps d'une sorte de galerie (?)

Second contre-sceau.

Légende. — † S SECRETI W ENGOL EPI.

(Sigillum secreti Willelmi, Engolismensis episcopı).

Dessin. — Evêque assis sur un trône supporté par des animaux.

(Archives nationales. *Inventaire Douët d'Arcq*, n° 6456. — Archives départementales de la Charente. — Michon, p. 91, et pl. IX, n°s 76 et 77. — Mallat, p. 9).

N° **324**   FOULQUE DE LA ROCHEFOUCAULD [1].

1308-1312.

Ogival, 55^{mm}. — Charte de septembre 1312. — Autre exemplaire à la date du 14 avril 1308 (Mallat).

Légende. — FVLCONIS DE .... .NGOLISMEN

(Fulconis de [Rupe, episcopi] Engolismensis).

Dessin. — Dans une niche gothique, sous une arcade flanquée de deux pinacles trilobés, ornés de crosses végétales, évêque debout, vu de face, mitré, crossé et bénissant. Au-dessus, un fragment d'écu aux armes de La Rochefoucauld.

---

[1] Fils de Guy VI de La Rochefoucauld et d'Agnès de Rochechouart, évêque d'Angoulême de 1309 à 1313.

Contre-Sceau.

Légende. — † CONTRAS EPI ENGOLISMEN

(Contrasigillum episcopi Engolismensis).

Dessin. — Saint Pierre et saint Paul debout, sous un chapiteau gothique.

(Archives nationales. *Inventaire Douët d'Arcq*, n° 6457. — Archives départementales de la Charente, fonds de l'abbaye de La Couronne. —Michon, p. 91 et pl. IX, fig. 79 et 80. — Mallat, p. 9).

N° 325   JEAN III [1].

1316.

Rond, 22ᵐᵐ environ.

Légende fruste.

Dessin. — L'évêque mitré, crossé et bénissant, sur champ réticulé, dans un quadrilobe.

(Archives départementales de la Charente. — Mallat, p. 9).

N° 326   GALHARD DE FOUGÈRES [2].

1320-1323.

Ogival, 48ᵐᵐ sur 34.

Légende. — .... GALHARDI EPI ENGOLMEN AD CAS

([Sigillum] Galhardi, episcopi Engolismensis, ad causas).

Dessin. — L'évêque debout, mitré, crossé et bénissant ; à sénestre, un croissant surmonté d'une étoile.

(Archives départementales de la Charente, fonds de Saint-Cybard. — Michon, p. 92 et pl. IX, fig. 82. — Mallat, p. 10).

---

(1) Evêque d'Angoulême en 1315 ; mort en 1316.

(2) Archevêque d'Arles en 1311 ; transféré à l'évêché d'Angoulême en 1317 ; mort en 1328.

N° **327**   AYQUELIN II DE BLAYE [1].

1330.

Ogival, de petite dimension.

Légende. — S AYQVELNI DEI GRA... ENGOLISMEN AD CORTEM

(**Sigillum Ayquelini**, Dei graciâ [episcopi] Engolismensis ad cortem).

Légende. — Sur un champ réticulé et finement pointillé, sous un dais trilobé et flanqué de gracieux clochetons, l'évêque, coiffé d'une mitre ouvragée, crossé et bénissant ; sous la chape apparaissent les bouts frangés de l'étole ; les pieds reposent sur un linteau orné. Très joli sceau.

Contre-Sceau.

Ogival.

Légende. — † S' AYQVIL. EPI. ENGOL. AD. CAS

(**Sigillum Ayquilini**, episcopi Engolismensis, ad causas).

Dessin. — Le sceau est horizontalement coupé par le milieu dans la partie supérieure ; l'évêque mitré et bénissant dans la partie inférieure ; sous un arc dont les caissons angulaires sont occupés par des trèfles, un E.

(Archives départementales de la Charente, dénombrement de Gourville. — Michon, p. 92 et pl. IX, fig. 83. — Mallat, p. 10).

N° **328**   HÉLIE DE PONS [2].

1371.

Ogival, environ 40ᵐᵐ sur 15 (fragment). — Hommage de Pierre André, sieur de Cervale, pour le fief de La Brousse (1371).

Légende. — ...... AD CAVSAS.

Dessin. — L'évêque en buste, mitré et bénissant ; au-dessous, sous une arcade, la lettre E accompagnée d'une étoile.

(Archives départementales de la Charente. — Mallat, p. 10).

N° **329**   JEAN V.

1418.

Ogival, de petite dimension.

Légende. — .... EPI ENGOLISMEN.

(... episcopi Engolismensis).

Dessin. — Dans la partie supérieure du champ, l'évêque en buste, mitré, crossé et bénissant ; la partie inférieure est occupée par des lignes géométriques.

(Archives départementales de la Charente. — Michon, p. 92 et pl. VIII, fig. 56. — Mallat, p. 10).

N° **330**   ROBERT DE LUXEMBOURG [1]

1481.

Rond (fragment).

Sans légende.

Dessin. — Ecu à un lion [2], accosté de deux branches d'aubépine fleurie.

(Archives départementales de la Charente).

[1] Fils naturel de Louis de Luxembourg, comte de Saint-Pol, connétable de France ; évêque d'Angoulême de 1479 à 1489 et peut-être plus tard.

[2] Luxembourg porte : d'argent, au lion de gueules, la queue nouée, fourchée et passée en sautoir, armé et couronné d'or, lampassé d'azur, au lambel d'azur de trois pendants. — Les comtes de Saint-Pol supprimaient le lambel et chargeaient le lion d'une croix sur l'épaule.

N° **331**   OCTAVIEN DE SAINT-GELAIS [1].

1494.

Rond.

Légende. — SIGILL. OCTAVIANI. S. GEL...EPI ENGOLISME [2]

(Sigillum Octaviani Sancti-Gelasii, episcopi Engolismensis).

Dessin. — Ecu écartelé : aux 1 et 4, à une croix (d'azur, à la croix alaisée d'argent, qui est de Saint-Gelais ; aux 2 et 3, à un lion couronné (burelé d'argent et d'azur, de dix pièces, au lion de gueules couronné, armé et lampassé d'or).

(Archives départementales de la Charente. — Mallat, p. 10).

N° **332**   HUGUES DE BAUZA [3].

1504.

Rond, 34mm. — Hommage fourni à l'évêque d'Angoulême par Richard Plante pour tout ce qu'il possède à Genac, Bignac et Saint-Genis-les-Meullières (15 décembre 1504).

Légende. — S. CAMERE. HUGONIS. EPI. ENGOLISMEN

(Sigillum camere Hugonis, episcopi Engolismensis).

Dessin. — Ecu écartelé : aux 1 et 4, à une bande accompagnée de trois besants ou tourteaux, 2 et 1 ; au 2, à une porte de ville fortifiée ; au 3, palé de dix pièces. L'écu surmonté [de la crosse et accosté de rinceaux.

(Archives départementales de la Charente. — Mallat, p. 10).

---

[1] Fils de Pierre de Saint-Gelais, seigneur de Montlieu et de Sainte-Aulaye, et de Philiberte de Fontenay ; évêque d'Angoulême vers 1494 ; mort en 1502.

[2] Les mots sont séparés par une petite étoile.

[3] Elu évêque d'Angoulême en 1502, confirmé par le pape en 1503.

N° **333**   ANTOINE D'ESTAING [1].

1514-1518.

Rond, 43ᵐᵐ. — Hommage daté du palais épiscopal d'Angoulême, 1ᵉʳ octobre 1514. — Autre exemplaire à la date de 1518 (Mallat).

Légende. — S. A. DESTAING. EPISCOPI ENGOLISMEN [2].

(Sigillum Antonii d'Estaing, episcopi Engolismensis).

Dessin. — Ecu droit à trois fleurs-de-lys, sous un chef plain (de France au chef d'or) ; sommé d'une crosse et d'une mitre.

(P. Raymond, *Sceaux des Archives du département des Basses-Pyrénées*, n° 904. — Archives départementales de la Charente. — Michon, p. 93 et pl. VIII, fig. 57. — Mallat, p. 10).

N° **334**   ANTOINE DE LA BARRE.

1526-1528.

Rond, 28ᵐᵐ. — Quittances données au receveur de la vicomté de Rouen par Antoine de La Barre, évêque d'Angoulême, prieur de Notre-Dame du Parc de Grandmont-lès-Rouen, abbé de Sainte-Catherine-du-Mont de Rouen (5 avril 1526 et 17 avril 1528).

Sans légende.

Dessin. — Ecu à un chevron accompagné de trois étoiles, deux en chef et une en pointe, à la bordure engrêlée, sous un chef plain. L'écu posé sur une crosse et accosté de rinceaux. Bordure festonnée, entourée d'un filet.

(Bibliothèque nationale, Mss. Fonds français, t. 20879).

---

(1) Fils de Gaspard d'Estaing et de Jeanne de Murols : chanoine et sacristain de Rodez, prévôt de Villefranche-en-Rouergue, prieur de Langogne, dom d'Aubrac ; chanoine-comte de Lyon ; conseiller au Grand-Conseil, conseiller-clerc au Parlement de Toulouse ; évêque d'Angoulême en 1506 ; mort le 18 février 1523.

(2) Les mots sont séparés par une ou deux petites étoiles.

Nº **335**   PHILIBERT BABOU [1].

1560.

Ovale, 27ᵐᵐ sur 21. — Quittance donnée par Philibert Babou, évêque d'Angoulême, ambassadeur pour le roi à Rome, à Maître Raoul Moreau, conseiller du roi et trésorier de son épargne, pour son état, dépense, vacation et entretènement à ladite charge d'ambassadeur (1ᵉʳ juillet 1560). — Autre quittance (17 décembre 1560).

Légende. — ...... ENGOLISMEN.
(..... **Engolismensis**).

Dessin. — Sur un cartouche, un écu timbré d'une mitre accompagnée des deux fanons repliés sur l'écu. Les armes sont peu distinctes ; il semble toutefois qu'elles sont coupées : au 1, probablement à un dextrochère [2] ; au 2, un palé [3].

(Bibliothèque nationale, Mss. Fonds français, t. 25 966, quittances ecclésiastiques.)

Nº **336**   CHARLES DE BONI [4].

1585-1586.

Ovale, 46ᵐᵐ sur 34.

Légende. — S CAROLI DE BON DEI GRA.

(**Sigillum Caroli de Boni, Dei graciâ**.....).

Dessin. — Sur un cartouche très tourmenté, un lion ; au-dessus du cartouche, une crosse très élégante. Bordure perlée contenant la légende.

(Archives départementales de la Charente. — Mallat, p. 11).

---

(1) Né vers 1513 ; fils de Philibert Babou et de Marie Gordin, dame de La Bourdaisière ; évêque d'Angoulême vers 1533 ; doyen de Saint-Martin de Tours en 1538, trésorier de la Sainte-Chapelle de Paris ; ambassadeur de France à Rome sous les rois Henri II, François II et Charles IX ; cardinal le 4 mars 1561 ; transféré à l'évêché d'Auxerre le 8 juin 1568; mort le 25 janvier 1570.

(2) D'argent, au dextrochère de gueules sortant d'un nuage d'azur, tenant une poignée de vesce en rameau de trois pieds, de sinople, qui est Babou.

(3) Parti de sinople, au pal d'argent, et de gueules, aussi au pal d'argent.

(4) Originaire de Florence ; évêque d'Angoulême en 1574 ; mort en 1603. — D'après le *Gallia christiana*, il aurait occupé, avant le siège épiscopal d'Angoulême, celui d'Ostuni, dans le royaume de Naples ; mais Gams (*Series episcoporum*) ne le mentionne pas dans le catalogue des évêques de ce dernier diocèse.

VIIIe Série. — CHAPITRES.

N° **337** ANGOULÊME (CHAPITRE DE SAINT-PIERRE D').

1312.

Rond, 45^{mm}. — Accord entre le chapitre et le roi (1312).

Légende. — ☩ SIGILLVM SANCTI PETRI ...OLISMENSIS

(Sigillum sancti Petri Engolismensis).

Dessin. — Saint Pierre, vu de face à mi-corps, nimbé, bénissant de la main droite et tenant ses clefs de la main gauche.

(Archives nationales. *Inventaire Douët d'Arcq*, n° 7102. — Michon, p. 96 et pl. VIII, fig. 67 ; Mallat, p. 15.

N° **338** ANGOULÊME (CHAPITRE DE SAINT-PIERRE D').

XVIe siècle.

Ovale, 40^{mm} sur 28. — Actes notariés des minutes de Gibaud, notaire (XVIe siècle).

Légende fruste.

Dessin. — Ecu portant deux clefs en sautoir, le panneton en haut et en dehors. Fleurons à dextre, à sénestre et au-dessus de l'écu. Bordure circulaire qui devait contenir la légende ; à l'intérieur, cette bordure est formée d'un grènetis.

(Archives départementales de la Charente).

N° **339**   BOUTEVILLE [1] (ARCHIPRÊTRÉ DE).

1390.

Ogival, 32^{mm} sur 29.

Légende ?

Dessin. — Saint Paul assis tenant dans la main droite une épée, le bras gauche levé comme pour bénir ou enseigner. Ses pieds reposent sur le chapiteau d'une colonne. Dans la partie inférieure, à dextre, un priant ; au milieu, à sénestre, la lettre P. Fond réticulé à petites rosaces.

(Archives départementales de la Charente).

N° **340**   CHALAIS [2] (ARCHIPRÊTRÉ DE).

1277-1279.

Ogival (fragment).

Légende. — ..... ARCHIP ....

(.... **archipresbyteratus**....).

Dessin. — Deux clefs adossées en pal ; à dextre, une étoile ; à sénestre, un croissant.

(Archives départementales de la Charente. — Mallat, p. 14).

---

(1) Aujourd'hui commune de Bouteville, canton de Châteauneuf, arrondissement d'Angoulême.
(2) Aujourd'hui chef-lieu de canton, arrondissement de Barbezieux.

IXe Série. — OFFICIALITÉ

N° **341**   ANGOULÊME (OFFICIALITÉ D').

1280.

Ogival (petite dimension).

Légende. — .... VRIE ....I ENG.....

([Sigillum] curie episcopi Engolismensis).

Dessin. — L'évêque, en buste, mitré, crossé et bénissant.

(Archives départementales de la Charente. — Michon, p. 95 et pl. IX, fig. 60. — Mallat, p. 14, où le sceau est indiqué par erreur comme étant celui du chapitre).

N° **342**   ANGOULÊME (OFFICIALITÉ D').

1297

Ogival, de très petite dimension (fragment).

Légende. — ....E : GVILLI. EPI. ENGOL...

([Sigillum] curie Guillelmi, episcopi Engolismensis).

Dessin. — L'évêque debout, mitré, crossé et bénissant.

(Archives départementales de la Charente. — Michon, p. 91 et pl. IX, n° 78).

N° 343   ANGOULÊME (OFFICIALITE D').

1315.

Rond, de petite dimension. — Charte de fondation de rente et de donation faite par les frères du Courret, à l'abbaye de Saint-Cybard (1315).

Légende. — ✝ ...CVRIE OL EPI : ENG

(...curie Oliverii, episcopi Engolismensis).

Dessin. — L'évêque en buste, mitré ; dans le champ à droite : S' ; à gauche : ENG.

(Archives départementales de la Charente, fonds de Saint-Cybard. — Michon, p. 92 et pl. IX, fig. 81. — Mallat, p. 9).

N° 344   ANGOULÊME (OFFICIALITÉ D').

1459-1481.

Ogival.

Légende détruite.

Dessin. — Sous un dais soutenu par deux colonnes à petits et à grands pinacles, saint Pierre debout, tenant de la main droite une clef dont la partie supérieure est appuyée sur son épaule ; sous ses pieds, une tête fruste.

(Archives départementales de la Charente. — Mallat, p. 16).

N° 345   ANGOULÊME (OFFICIALITÉ D').

1516.

Ogival, 50ᵐᵐ sur 37. — Procuration datée de la cathédrale d'Angoulême (13 juin 1516).

Légende fruste.

Dessin. — Sous une niche d'architecture gothique à colonnettes, le Christ coiffé d'une tiare, bénissant de la dextre, un sceptre dans la sénestre.

(P. Raymond, *Sceaux des archives du département des Basses-Pyrénées*, n° 983).

N° **346**   ANGOULÊME (OFFICIALITÉ D')

1536

Rond.

Légende. — .... CVRIE ....

Dessin. — Deux clefs en sautoir et un bénitier.

(Archives départementales de la Charente. — Mallat, p. 18).

Xᵉ Série. — CLERGÉ SÉCULIER

§ Iᵉʳ. — ARCHIDIACRES

N° **347**

AYQUELIN ⁽¹⁾,

ARCHIDIACRE D'ANGOULÊME.

1319.

Ogival (fragment).

Légende détruite.

Dessin. — Saint Pierre et saint Paul, avec leurs attributs, occupent deux arcades trilobées surmontées de pignons et flanquées de tourelles qui soutiennent une plus grande arcade ogivale. Saint Pierre est revêtu de la chape et porte le manipule. Une étoile à six rais est placée entre les deux personnages. Au sommet de chacun des pignons on aperçoit les pieds de deux autres personnages, probablement la Vierge et saint Jean, car au milieu apparaît le pied d'une croix. Les colonnettes reposent sur une autre arcade dans laquelle était probablement le buste de l'archidiacre. Champ réticulé.

(Archives départementales de la Charente. — Mallat, p. 16).

---

(1) Evêque d'Angoulème en 1328. — Voir ci-dessus le numéro 327.

N° **348**   LE MÊME.

1326.

Sceau ogival, de petite dimension.

Légende. — S. AYQLNI. ARCHIO. ANG. AD CAS.

(Sigillum Ayquelini, archidiaconi Angolismensis ad causas).

Dessin. — L'archange saint Michel terrassant le dragon.

(Archives départementales de la Charente. — Michon, p. 96 et pl. VIII, n° 62).

N° **349**   ÉTIENNE,

ARCHIDIACRE D'ANGOULÊME.

1248-1260.

Ogival, 35^{mm}. — Testament de Hugues de Lusignan, comte de La Marche (le jour de la Saint-Sixte [1er septembre] 1248). — Autre exemplaire sur un acte de 1260 (Mallat).

Légende. — .... ENGOL ....

(.... **Engolismensis** ...).

Dessin. — Le Christ sur la croix, ayant à ses pieds la Vierge et saint Jean.

Contre-Sceau.

Légende. — .... TPHO VGO MARIA.

(... **Stephano Virgo Maria**).

Dessin. — La Vierge avec l'enfant Jésus, assise sur un siège de forme singulière, et tenant une fleur-de-lys à la main droite.

(Archives nationales. *Inventaire Douët d'Arcq*, n° 7361. — Mallat, p. 13).

N° 350   LA ROCHE (FOULQUE DE),

ARCHIDIACRE D'ANGOULÊME.

1288.

Ogival.

Légende. — S' FVLCONIS : DE : RVPE : ARCHIDIACONI : ENGOLIM

(Sigillum Fulconis de Rupe, archidiaconi Engolismensis).

Dessin. — Saint Pierre et saint Paul, avec leurs attributs, occupent chacun une arcade trilobée, surmonté de pignons garnis de trèfles et d'une sorte de tour ; à la partie inférieure, dans une arcade trilobée, circonscrite, l'archidiacre, en buste, revêtu de l'habit de chœur, le tout d'un travail très délicat.

Contre-Sceau.

Rond.

Légende. — SIGIL. FVLCONIS. A.

(Contrasigillum Fulconis, archidiaconi).

Dessin. — Saint Pierre, en buste, tenant une grande clef dans la main droite.

(Archives départementales de la Charente. — Mallat, p. 14).

N° 351   BERTRAND (PIERRE) [1],

[ARCHIDIACRE D'ANGOULÊME].

1341.

Ogival, 95ᵐᵐ. — Acte de fondation du collége d'Autun (château de Monsault, près Saint-André-d'Avignon, 1ᵉʳ août 1341).

Légende. — SIGILLVM PETRI DEI GRACIA TITULI SANCTI CLEMENTIS PBRI CARDINALIS

(Sigillum Petri, Dei graciá tituli Sancti Clementis presbyteri cardinalis).

---

[1] L'abbé Michon mentionne, p. 96, un archidiacre d'Angoulême qui fut cardinal sous le titre de saint Clément et dont il décrit un sceau appendu à un acte de 1347 ; un autre sceau, ayant appartenu au même personnage, est appendu à divers actes dont le plus ancien remonte à 1343 et le plus récent à 1361 (voir les deux articles suivants). Nous pensons que ce Pierre, archidiacre et cardinal, n'est autre que Pierre Bertrand. La proximité des dates, la forme française du nom patronymique, l'identité du titre cardinalice et la ressemblance des armes nous paraissent démontrer que cette conjecture est fondée. De plus, il est probable que les exemplaires de 1343 à 1361, dont il ne subsiste que des fragments, étaient identiques à l'exemplaire de 1341.

Dessin. — Dans une niche principale d'architecture gothique très ouvragée, un pape assis, vu de face, coiffé d'une mitre pointue, nimbé, bénissant de la main droite et tenant une ancre à gauche. Deux niches latérales à deux étages contiennent saint Pierre et saint Paul, et deux anges assis. Dans une niche inférieure, le cardinal priant, entre deux écus : au chevron chargé de trois fleurs de lys, accompagné de trois quintefeuilles et à la bordure.

(Archives nationales. *Inventaire Douët d'Arcq*, nº 6180).

Nº 352   LE MÊME.

1343-1361.

Ogival, de grande dimension.

Légende. — .....TRI.....

([Sigillum] Petri.....).

Dessin. — Le cardinal mitré, à genoux, priant ; derrière lui, un écu à un chevron accompagné de trois tourteaux ou besants.

(Archives départementales de la Charente. — Mallat, p. 16).

Nº 353   LE MÊME.

1347.

Ogival, de petite dimension. — Charte de Robert de Céris, damoiseau (lundi avant la fête de la Saint-Martin 1347).

Légende. — P. CARD.E..... ARCHID.E....

([Sigillum] Petri cardinalis e.....?, archidiaconi Engolismensis).

Dessin. — Dans un encadrement gothique à deux pinacles, le cardinal assis et bénissant.

(Archives départementales de la Charente. — Michon, p. 96 et pl. VIII, fig. 63. — Mallat, p. 16).

N° **354**   THOMAS,

ARCHIDIACRE D'ANGOULÊME.

1279-1286.

Ogival, 48ᵐᵐ sur 28.

Légende. — ..... CHID ....MENSI..

(.... archidiaconi Engolismensis).

Dessin. — L'archidiacre debout, les mains jointes ; au-dessus, dans une niche gothique, un saint ou un évêque bénissant de la main droite et tenant un livre de la main gauche.

Contre-Sceau.

Rond, 21ᵐᵐ environ.

Légende — † CONT.....M

(Contrasigillum).

Dessin. — L'archidiacre debout, les mains jointes.

(Archives départementales de la Charente, fonds de l'évêché. — Michon, p. 96 et pl. VIII, fig. 61. — Mallat, p. 14).

§ II. — ARCHIPRÊTRES

N° **355**

BERNARD,

ARCHIPRÊTRE DE BOUTEVILLE [1].

1814.

Ogival.

Sans légende.

Dessin. — Saint Pierre debout, le manteau relevé, noué à la ceinture, tenant une clef de la main droite et un livre de la main gauche.

Contre-Sceau.

Rond.

Sans légende.

Dessin. — Un quadrilobe au centre duquel un B.

(Archives départementales de la Charente. — Mallat, p. 15).

N° **356**

N.,
ARCHIPRÊTRE DE JURIGNAC [2].

1274.

Ogival, 40^{mm} sur 30. — Aveu fourni à l'évêque d'Angoulême par Hélie, *miles*, de La Diville pour les terres qu'il tient de lui (1274).

Légende. — S.... ..RINIACO

(Sigillum ..... [de] Juriniaco).

Dessin. — Deux clefs posées en pal, les pannetons en haut et en dehors.

(Archives départementales de la Charente, fonds de l'évêché).

---

(1) Aujourd'hui commune de Bouteville, canton de Châteauneuf, arrondissement de Cognac.
(2) Aujourd'hui commune de Jurignac, canton de Blanzac, arrondissement d'Angoulême.

N° **357**   PIERRE,

ARCHIPRÊTRE DE COGNAC.

1299.

Ogival, 45ᵐᵐ. — Charte de mars 1299.

Légende. — † S' PETRI ARCHIPRESBITERI DE COVSNAC

(Sigillum Petri, archipresbyteri de Cousnac).

Dessin. — Personnage debout, tenant un livre des deux mains, accosté de deux fleurs de lys au pied fiché.

Contre-Sceau.

Légende. — † S' SECRETI

(Sigillum secreti).

Dessin. — Ecu chargé d'une fleur de lys au pied fiché.

(Archives nationales. *Inventaire Douët d'Arcq*, n° 7940).

---

§ III. — DOYENS DU CHAPITRE

N° **358**   ARNAUD,

DOYEN DU CHAPITRE DE SAINT-PIERRE D'ANGOULÉME.

1316-1319

Ogival, 48ᵐᵐ sur 32.

Légende. — ... ARNALDI : DEC.....

([Sigillum] Arnaldi, decani [Engolismensis]).

Dessin. — Dans une niche gothique surmontée d'une arcade trilobée et flanquée de deux colonnes de transition, saint Pierre nimbé, tenant deux clefs de la main droite et un livre de la main gauche.

 SIGILLOGRAPHIE DE L'ANGOUMOIS

Contre-Sceau.

Rond, 20^{mm}.

Légende. — † S' ARNALDI. DECANI. ENGOLIS

(Secretum Arnaldi, decani Engolismensis).

Dessin. — Saint Pierre à mi-corps, nimbé, bénissant de la main droite et tenant de la main gauche une grosse clef appuyée sur son épaule ; de chaque côté de lui, une étoile à six rais.

(Archives départementales de la Charente, fonds de l'évêché et du chapitre de Saint-Pierre. — Mallat, p. 15).

N° **359** BERTRAND,

DOYEN DU CHAPITRE DE SAINT-PIERRE D'ANGOULÊME.

1328.

Ogival (fragment). — Aveu fait à Ayquelin, évêque d'Angoulême, par Constantin Henri, de Beaulieu (1328).

Légende. — ..... SMEN...

(.... Engolismensis).

Dessin. — Dans une niche gothique, surmontée d'une arcade trilobée et flanquée de deux colonnettes, saint Pierre nimbé.

Contre-Sceau.

Rond.

Légende. — .... SMEN *

(.... Engolismensis).

Dessin. — Saint Pierre en buste, tenant les clefs de la main droite.

(Archives départementales de la Charente, fonds de l'évêché. — Mallat, p. 16).

N° **360**   GÉRALD,

DOYEN DU CHAPITRE DE SAINT-PIERRE D'ANGOULÊME.

1277-1288.

Ogival.

Légende. — .... RALDI ...CANI ...GOL .....

([Sigillum] Geraldi, decani Engolismensis).

Dessin. — Sous un arc trilobé, saint Pierre, assis sur un banc à pieds tournés, tient de la main droite deux clefs et de la gauche un livre ; au-dessous, un priant, en buste.

Contre-Sceau.

Losangé.

Légende détruite.

Dessin. — Un écu losangé.

(Archives départementales de la Charente, fonds du chapitre de Saint-Pierre. — Mallat, p. 14).

N° **361**   GUILLOT (AIMERI),

DOYEN DU CHAPITRE DE SAINT-PIERRE D'ANGOULÊME.

1274.

Ogival. — Hommage rendu à Guillaume de Blaye, évêque d'Angoulême, par Guillaume de Sainte-Maure, seigneur de Marcillac, pour la châtellenie de Marcillac (1274).

Légende. — .... I ... DECANI ENGOL ....

([Sigillum] Aimerici, decani Engolismensis).

Dessin. — Sous quelques ornements architectoniques, le doyen en buste dans l'attitude de la prière ; derrière lui, les clefs de saint Pierre sont suspendues à un poteau.

(Archives départementales de la Charente, fonds de l'évêché, Marcillac. — Mallat, p. 13).

N° 362   JAVERLHAC (GÉRALD DE)

DOYEN DU CHAPITRE DE SAINT-PIERRE D'ANGOULÊME. .

1288.

Ogival.

Légende. — ....LDI DECANI ENGOL .... DNI ....

([Sigillum] Geraldi, decani Engolismensis, domini [de Javerlac].)

Dessin. — Saint Pierre assis sur un trône et tenant les clefs ; au-dessous, dans une arcade trilobée, le doyen à genoux, les mains jointes.

Contre-Sceau.

Légende. — S. MAGRI GERALDI DE IAVERLAC.

Dessin. — Ecu losangé.

(Michon, p. 96 et pl. VIII, fig. 64. — Mallat, p. 14).

N° 363   JEAN,

DOYEN DU CHAPITRE DE SAINT-PIERRE D'ANGOULÊME.

1312.

Ogival, 45ᵐᵐ. — Accord entre le chapitre d'Angoulême et le roi (lundi après la Sainte-Croix, septembre 1312.)

Légende. — S IOHIS DECANI EGOLIS.

(Sigillum Johannis, decani Engolismensis).

Dessin. — Saint Pierre debout, tenant ses clefs à droite et un livre à gauche.

Contre-Sceau.

Légende. — † CONTRASIGILLVM

Dessin. — Saint Paul, en buste, vu de face, avec une épée et une étoile.

(Archives nationales, *Inventaire Douët d'Arcq*, n° 7514. — Michon, p. 96 et pl. VIII, fig. 65 et 66. — Mallat, p. 15).

§ IV. — CHANOINES

Nº 364

ANDRÉ (RAMNULPHE),

CHANOINE DE SAINT-PIERRE D'ANGOULÊME.

1274.

Ogival, 38ᵐᵐ environ sur 26.

Légende détruite.

Dessin. — Un agneau passant de dextre à sénestre, regardant vers la dextre ; derrière l'agneau, une bannière se terminant par une croix pattée ; un croissant au-dessus de la tête de l'agneau.

(Archives départementales de la Charente).

§ V. — DIVERS

Nº 365

CHATEAU (ÉTIENNE),

DOYEN DE LA ROCHEFOUCAULD [1].

1504.

Ogival, environ 42ᵐᵐ sur 25. — Aveu fourni à Hugues de Bauza, évêque d'Angoulême, pour le fief dit des Prélats (2 janvier 1504).

Légende fruste.

Dessin. — La Vierge tenant l'Enfant Jésus sur le bras droit.

(Archives départementales de la Charente, fonds de l'évêché).

---

[1] Aujourd'hui chef-lieu de canton, arrondissement d'Angoulême.

N° **366** JULIAC (SEGUIN DE),

ÉCOLATRE DU CHAPITRE DE SAINT-PIERRE D'ANGOULÊME.

1274.

Ogival (faible fragment).

Légende. — ... SEGVI.....

([Sigillum] Seguini,.....).

Dessin. — Le fragment conservé montre un ange en prières dans la partie supérieure d'une niche gothique.

(Archives départementales de la Charente, fonds du chapitre de Saint-Pierre).

N° **367** LA CHAISE (GUILLAUME DE),

DE PILLAC [1], CLERC.

1299.

Rond.

Légende. — S' GVI... CL.....

(Sigillum Guillelmi...., clerici).

Dessin. — Au milieu d'ornements géométriques, un petit écu portant une croix cantonnée de quatre besants ou tourteaux.

(Archives départementales de la Charente).

---

(1) Aujourd'hui commune de Pillac, canton d'Aubeterre, arrondissement de Barbezieux.

Nᵒ **368**

ANGOULÊME (ISABELLE),

ABBESSE DE SAINT-AUSONE D') [1].

1296-1305.

Ogival, 50ᵐᵐ sur 27.

Légende. — † S' HYSAELLI. ABBATISSE. SCI. AVSONII. ENGOLIS

(Sigillum Hysaellis, abbatisse Sancti-Ausonii Engolismensis).

Dessin. — L'abbesse debout, tenant de la main droite la crosse abbatiàle et portant un livre de la main gauche. (Dessin remarquable : draperies très bien traitées, dignité dans le maintien).

Contre-Sceau.

Rond, 30ᵐᵐ.

Légende. — † CTRA. S' HI. ABBATISSE. SCI. AVSON [2].

(Contrasigillum Hisaellis, abbatisseaS ncti-Ausonii).

Dessin. — Un bras tenant une crosse abbatiale ; une fleur de lys à dextre.

(Archives départementales de la Charente, abbaye de Saint-Ausone. — Mallat, p. 14).

----

(1) Abbaye de femmes de l'ordre de Saint-Benoît.
(2) Le C de CTRA est contourné.

N° **369**   ANGOULÊME (JEAN,

AUMÔNIER DE SAINT – CYBARD D') [1].

1226.

Ogival (fragment).

Légende. — S' : IOH.....

(Sigillum Johannis,....).

Dessin. — Le champ, encadré d'un cercle garni de crochets, est orné à sa partie supérieure d'un arc trilobé inscrit dans le cercle ; dans le champ, l'abbaye avec son clocher à flèche pointue, par derrière et au-dessus de laquelle est le buste du saint, les mains jointes et les yeux levés dans l'attitude de l'oraison ; l'ange apparaît qui lui dit sans doute : *Eparche, mane hic* (*Histoire de Saint-Cybard*).

(Archives départementales de la Charente. — Mallat, p. 12).

N° **370**   ANGOULÊME

(AUMÔNERIE DE SAINT-CYBARD D').

1226.

Ogival (fragment).

Légende ?

Dessin. — Sous un dais angulaire, flanqué de deux clochetons et orné de crochets, la Vierge couronnée et nimbée, tenant sur son bras gauche l'Enfant Jésus nimbé, qui incline sa tête vers l'é-paule de sa mère.

(Archives départementales de la Charente. — Mallat, p. 12).

(1) Abbaye de l'ordre de Saint-Benoît, fondée au V° siècle par saint Cybard *(sanctus Euparchius)*.

N° **371**   ANGOULÊME (ROBERT [1],

ABBÉ DE SAINT-CYBARD D').

1255-1260.

Ogival, 50ᵐᵐ sur 30.

Légende. — † S' : ROBERTI : ABBATIS : SCI : EPARCHII :

(Sigillum Roberti, abbatis Sancti-Eparchii)..

Dessin. — L'abbé debout, mitré et revêtu de la chape, tenant de la main droite la crosse abbatiale, la volute tournée en dedans, et de la gauche un livre ; des quintefeuilles sont semées sur le champ; une à droite, trois à gauche.

Contre-Sceau.

Losangé, 23ᵐᵐ.

Légende. — † BASILICA : SCI : EPARCHII

(Basilica Sancti-Eparchii).

Dessin. — Une basilique accostée de deux étoiles.

(Archives départementales de la Charente. — Mallat, p. 12).

N° **372**   ANGOULÊME (GUILLAUME GIRONDONA,

PRÉVÔT DE L'ABBAYE DE SAINT-CYBARD D').

1277.

Ogival, 35ᵐᵐ environ sur 22. — Vente de terres sises sur la paroisse de Saint-Yrieix (lundi avant la Saint-Grégoire 1277).

Légende. — ... GVILI. GIRONDON PPOSIT. SCI. EP.....

([Sigillum] Guillelmi Girondon, prepositi Sancti-Eparchii).

---

(1) Mentionné en 1240, en 1263.

Dessin. — Le champ est coupé par un arc. Dans la partie supérieure, la sainte Vierge, en buste, portant l'Enfant Jésus sur le bras gauche et le globe du monde dans la main droite ; les deux têtes sont nimbées. Dans la partie inférieure, un moine assis lit dans un livre placé devant lui sur un pupitre.

(Archives départementales de la Charente, fonds de Saint-Cybard. — Mallat, p. 14).

—————

N° 373   ANGOULÊME (HELIE,

ABBÉ DE SAINT-CYBARD D').

1317.

Ogival, 44^{mm}. — Procuration donnée par l'abbé pour assister aux Etats de 1317.

Légende. — ... EL' ABB... ENGO....

(Sigillum Helie, abbatis ... Engolismensis).

Dessin. — Abbé debout, vu de face, tenant sa crosse et un livre, entre deux fleurs de lys [1].

(Archives nationales. *Inventaire Douët d'Arcq*, n° 8496).

Contre-Sceau.

Rond.

Sans légende.

Dessin. — L'Agnus Dei avec sa bannière ou flamme à deux langues.

(Archives départementales de la Charente, fonds de Saint-Cybard. — Mallat, p. 15).

—————

(1) M. Mallat a décrit ainsi le dessin, d'après l'exemplaire des Archives de la Charente : il ne reste plus que le buste de l'abbé ; il a la tête rasée et tient de la main gauche un livre appuyé contre sa poitrine ; le manipule pend à son bras.

N° **374**   ANGOULÊME (BONIFACE,

ABBÉ DE SAINT-CYBARD D').

VERS 1413.

Rond, 16ᵐᵐ. — Procès-verbal de déguerpissement (le jour de la fête de Saint-Michel archange (vers 1413).

Sans légende.

Dessin. — Ecu à une bande, surmonté d'une crosse et accosté de deux palmettes posées de haut en bas.

(Archives départementales de la Charente, fonds de Saint-Cybard. — Mallat, p. 16).

N° **375**   ANGOULÊME (G. ROBERT,

PRÉVÔT DE SAINT-CYBARD D').

1415.

Rond, 21ᵐᵐ environ. — Procès-verbal d'une assemblée capitulaire.

Légende. — ... OBERTI.

Dessin. — Ecu à une fasce accompagné en chef de deux besants ou tourteaux et en pointe d'une merlette.

(Archives départementales de la Charente, fonds de Saint-Cybard).

N° **376**   ANGOULÊME (RAYMOND PELLERAU [1],

ABBÉ DE SAINT-CYBARD D').

1442.

Ogival (fragment). — Acte de profession de foi de Jean de Miholay (18 février 1442).   .

Légende détruite.

Dessin. — Type abbatial.

(Archives départementales de la Charente, fonds de Saint-Cybard. — Mallat, p. 16).

---

[1] Elu en 1447 seulement, d'après le *Gallia christiana* ; mentionné en 1471.

N° 377   ANGOULÊME (CHAPITRE DE SAINT-CYBARD D').

1469.

Ogival (fragment). — Charte portant bail à cens (18 octobre 1469).

Légende — sigillu ... ..parchii

(Sigillum [capituli Sancti-] Eparchii).

Dessin. — Sous un arc surbaissé, flanqué de deux colonnes délicatement élancées et surmontées de deux pignons accolés, trilobés et crossés, la Vierge debout, tenant l'Enfant Jésus sur le bras droit ; les deux personnages sont couronnés. Champ réticulé.

(Archives départementales de la Charente, fonds de Saint-Cybard. — Mallat, p. 17).

N° 378   ANGOULÊME (JACQUES GASTEVILLE,

MOINE DE SAINT-CYBARD D').

1487.

Rond (fragment). — Acte du 21 juin 1487.

Légende ?

Dessin. — Ecu à trois croissants, 2 et 1, à la bande chargée de trois merlettes, cimé à sénestre d'une palme.

(Archives départementales de la Charente, fonds de Saint-Cybard. —Mallat, p. 17).

N° **379**   ANGOULÊME (CHARLES DE LIVENNE [1],

ABBÉ DE SAINT-CYBARD D').

1518.

Rond, 39ᵐᵐ. — Acte de présentation à la cure de Chavenac.

Légende. — FRATER. KAROLVS. DE LIVENE. ARBAS. S. EVPARCHII

(Frater Karolus de Livenne, abbas Sancti-Euparchii).

Dessin. — Ecu droit à une fasce frettée accompagnée de trois étoiles (d'argent, à la fasce frettée d'azur et d'argent, accompagnée de trois étoiles de gueules, deux en chef et une en pointe), timbré d'une mitre surmontée d'une crosse. Champ orné de rinceaux.

(Archives départementales de la Charente, fonds de Saint-Cybard. — Mallat, p. 18).

N° **380**   ANGOULÊME (JEAN CALLUAUD [2],

ABBÉ DE SAINT-CYBARD D').

1573.

Ogival, 65ᵐᵐ environ sur 30. — Charte de provision de pouvoirs donnée à frère Jean de Prahec, chanoine régulier (15 février 1573).

Légende detruite.

Dessin. — Sous un dais formé de trois pignons gothiques, écu à un croissant accompagné de trois quintefeuilles, deux en chef et une en pointe, au chef chargé de trois ....?, timbré d'une mitre et d'une crosse. Rinceaux dans le champ.

(Archives départementales de la Charente. — Mallat, p. 19).

---

(1) Mentionné en 1518, en 1539.
(2) N'est pas mentionné dans le *Gallia christiana*.

N° 381   ANGOULÊME (GABRIEL DE LIVENNE,

ABBÉ COMMENDATAIRE DE SAINT-CYBARD D').

1578.

Ogival.

Légende. — GABRIEL DE LIVENE. ABBAS. S. E.....

(Gabriel de Livenne, abbas Sancti-Euparchii).

Dessin. — La partie inférieure, coupée dans la plus large section, forme l'écu des armes de Li-venne, qui est surmonté d'une grosse crosse.

(Archives départementales de la Charente. — Mallat, p. 19).

N° 382   ANGOULÊME (LE GARDIEN DES

FRÈRES MINEURS D').

1283.

Ogival, 38ᵐᵐ. — Testament de Hugues le Brun, comte de La Marche et d'Angoulême (lundi avant l'Ascension [24 mai] 1283).

Légende — S' GARD' FR.... MINORV EGOL'

(Sigillum gardiani fratrum minorum Engolismensium).

Dessin. — Le couronnement de la Vierge ; au-dessous, un moine en prières.

(Archives nationales. *Inventaire Douët d'Arcq*, n° 9760).

Nᵒ **383**   ANGOULÊME (LE GARDIEN DES

FRÈRES MINEURS D').

1297.

Ogival, 43ᵐᵐ. — Testament de Hugues le Brun, comte de La Marche (juin 1297).

Légende. — ✝ S' GARDIANI FRM̄ MIN ENG

(Sigillum gardiani fratrum minorum Engolismensium).

Dessin. — Sur une terrasse, la Vierge assise, avec l'Enfant Jésus ; au-dessous, un moine en prières.

(Archives nationales. *Inventaire Douët d'Arcq*, nᵒ 9761).

Nᵒ **384** ANGOULÊME (LE PRIEUR DES FRÈRES PRECHEURS D').

1297.

Ogival, 35ᵐᵐ. — Testament de Hugues le Brun, comte de La Marche (juin 1297).

Légende. — S PORIS FRM̄ PRED' ENGOLISM̄

(Sigillum prioris fratrum predicatorum Engolismensium).

Dessin. — Dans une niche principale, la salutation angélique ; au-dessus, une tête nimbée d'un nimbe crucifère ; au-dessous, un priant.

(Archives nationales. *Inventaire Douët d'Arcq*, nᵒ 9722).

N° **385**   AUBETERRE [1] (N., ABBÉ D').

VERS 1226.

Ogival (fragment). — Lettres par lesquelles l'évêque de Périgueux et les abbés du Périgord demandent au roi de leur envoyer un bon sénéchal (sans date ; vers 1226).

Légende. — .... GNO .RVCIS

(... signo Crucis).

Dessin. — Une croix à deux branches.

(Archives nationales, J. 292, n° 1).

N° **386**   BAIGNE [2] (BERNARD, ABBÉ DE).

1317.

Ogival, 45ᵐᵐ. — Procuration pour les Etats de 1317.

Légende. — ...BE...DI ...IS DE BEAN

([Sigillum] Bernardi, abbatis de Beaniâ).

Dessin. — Le type abbatial avec accompagnement d'une fleur de lys et de deux écus, celui de dextre portant une quintefeuille, et celui de sénestre trois losanges au lambel.

Contre-Sceau.

Légende. — CONTRASIGILLVM

Dessin. — La tête de saint Jean-Baptiste dans une coupe.

(Archives nationales, *Inventaire Douët d'Arcq*, n° 8514).

---

(1) Aujourd'hui chef-lieu de canton, arrondissement de Barbezieux. — Avant 1789, l'abbaye dépendait du diocèse de Périgueux, bien que, comme châtellenie, Aubeterre fut du ressort de la sénéchaussée d'Angoulême.
(2) Abbaye de Saint-Etienne-de-Baigne, de l'ordre de Saint-Benoît, fondée par Charlemagne sur une enclave du diocèse de Saintes ; aujourd'hui Baignes, chef-lieu de canton, arrondissement de Barbezieux.

N° **387**   BAIGNE (JEAN DE LA ROCHEFOUCAULD,

ABBÉ DE).

1527.

Ogival, 35^{mm} sur 20. — Présentation à l'évêque de Saintes des religieux sous-diacres pour leur promotion au diaconat (15 avril 1527).

Sans légende.

Dessin. — Ecu aux armes, surmonté d'une crosse ornée de végétations.

(Archives départementales de la Charente, fonds de Baigne. — Mallat, p. 18).

N° **388**   BLANZAC (1) (PIERRE, ABBÉ DE).

1273-1275.

Ogival, 35^{mm} sur 20. — Aveux rendus à Guillaume de Blaye, évêque d'Angoulême par Guillaume Seguin (mars 1273), par Hélie Tizon (13 juin 1274), et par Guillaume Brun, damoiseau de la paroisse de Bunzac (3 février 1275).

Légende ?

Dessin. — L'abbé, coiffé d'une mitre basse et revêtu de son scapulaire; sa cagoule est rejetée en arrière et il a les poings sur les hanches.

(Archives départementales de la Charente, fonds de l'évêché d'Angoulême et fonds de La Rochefoucauld. — Mallat, p. 13).

---

(1) Aujourd'hui chef-lieu de canton, arrondissement d'Angoulême. — Abbaye de l'ordre de Saint-Benoît, fondé au XIIIe siècle par un La Rochefoucauld, seigneur de Blanzac (vocable, saint Arthémy).

N° 389   BLANZAC (CHARLES DE SERRE,

CURÉ DE CELLETTES [1] ET DE LUSSAC [2], PRIEUR DE).

1555.

Rond, 15^{mm}. — Requête à « messieurs des comptos », par laquelle Charles de Serre leur représente qu'étant officier de la chapelle de musique du roi, et les chanoines chantres, officiers et chapelains de ladite chapelle étant exempts de décimes, il demande une réduction de taxes en vertu de ce privilége (21 mars 1555).

Sans légende.

Dessin. — Un serpent traversé par une flèche.

(Cabinet de M. Mallat).

N° 390   BOURNET [3] (RAYMOND, ABBÉ DU) [4].

1274-1277.

Ogival, environ 34^{mm} sur 15. — Aveux rendus à Guillaume de Blaye, évêque d'Angoulême, par Hélie Tizon (octobre 1274) et par Isabelle, veuve de Guillaume de Saint-Laurent (le mardi après la Pentecôte 1277).

Légende détruite.

Dessin. — L'abbé debout, la tête rasée, tenant la crosse de la main droite et un livre de la main gauche.

Contre-Sceau.

Losangé, 20^{mm}.

Légende. — † SECRETVM : R : ABBATIS : BORNETO

(Secretum Raymundi, abbatis [de] Borneto).

Dessin. — Une main mouvant de sénestre, tenant une crosse dont la volute est tournée vers la dextre et qui est placée au milieu du champ ; à dextre une étoile.

(Archives départementales de la Charente, fonds de l'évêché d'Angoulême. — Mallat, p. 13).

---

(1) Aujourd'hui commune de Cellettes, canton de Mansle, arrondissement de Ruffec.
(2) Aujourd'hui commune de Lussac, canton de Saint-Claud, arrondissement de Confolens.
(3) Abbaye de Notre-Dame-du-Bournet, de l'ordre de Saint-Benoît, plus tard de Citeaux, fondé en 1113 par Giraud de Sales.
(4) Mentionné jusqu'en 1293.

N° **391**   BOUTEVILLE [1] (N., PRIEUR DE).

1498.

Ogival, 45ᵐᵐ environ sur 30 (?). — Hommage rendu au prieur de Bouteville par Agnès de Fron-debœuf pour le fief de la Pallue (1498).

Légende (en gothique) fruste.

Dessin. — Sous un dais gothique, un prélat crossé, mitré et bénissant.

Contre-Sceau.

Rond, 20ᵐᵐ.

Légende fruste.

Dessin. — Les lettres AB.

(Archives départementales de la Charente).

N° **392**   BOUTEVILLE (JEAN GIRAUD, PRIEUR DE).

1520.

Ogival, environ 48ᵐᵐ sur 28. — Charte de collation du 10 janvier 1520.

Légende. — SIGILL......

(Sigillum....).

Dessin. — Sous un dais gothique, saint Paul avec ses attributs. Sous ses pieds, un écusson fruste portant trois coquilles (?) 2 et 1.

(Archives départementales de la Charente, fonds de Bouteville.)

---

[1] Prieuré conventuel de Saint-Paul-de-Bouteville, fondé en 1025 par Ildegarde, comtesse d'Angoulême ; aujourd'hui commune de Bouteville, canton de Châteauneuf, arrondissement de Cognac.

N° **393**   BOUTEVILLE (ANTOINE CAILHON, PRIEUR DE).

1553.

Ovale, environ 60ᵐᵐ sur 38.

Légende. — .... GILLUM.......

(Sigillum ....).

Dessin. — Le champ est occupé par un portique d'ordre corinthien, surmonté d'un demi-soleil rayonnant ; sous ce portique, un personnage, debout, vêtu à la façon grecque, tient un livre ouvert sur sa poitrine (1).

(Archives départementales de la Charente. — Mallat, p. 18).

N° **394**   CHATRES (ABBAYE DE) (2)

1279.

Ogival, 52ᵐᵐ. — Pariage entre le roi et l'abbaye de Dalon (8 des calendes d'avril [25 mars] 1279).

Légende. — † S . STEPHE . ABBATIS BE . MARIE DE CASTRIS.

(Sigillum Stephane, abbatis Beate-Marie de Castris).

Dessin. — Type abbatial.

Contre-Sceau.

Légende. — † S' SECRETVM MEVM.

(Sigillum secretum meum).

Dessin. — La Vierge assise avec l'Enfant Jésus.

(Archives nationales. *Inventaire Douët d'Arcq*, n° 8629).

---

(1) Ce sceau est remarquable. Tout en lui rappelle les églises qui se construisaient à Rome à cette époque, et leur ornementation. (Note de M. Mallat, *loc. cit.*).

(2) Abbaye de Sainte-Marie de Châtres (aujourd'hui commune de Saint-Brice, canton et arrondissement de Cognac), fondée en 1077 par un seigneur de Bourg-Charente ; elle dépendait du diocèse de Saintes.

N° 395 CONFOLENS (CLAIRETTES DE).

XVIᵉ SIÈCLE.

Ovale, 25ᵐᵐ sur 20.

Légende. — SIG . MON . S . CLARAE CONFLVENTI .

(Sigillum monasterii Sanctæ-Claræ Confluentis).

Dessin. — Une abbesse debout, tenant un ostensoir [1] et une crosse.

(Empreinte au Musée de Poitiers, n° 7016 du Catalogue de M. Brouillet).

COURONNE (LA).

Voir *La Couronne*.

N° 396 GROSBOST [2] (ROBERT, ABBÉ DE).

1269.

Ogival, 45ᵐᵐ sur 31.

Légende. — ✝ SIGILLVM : ABBATIS : DE : GROSSOBOSCO :

Dessin. — L'abbé debout, tête nue, tenant la crosse de la main droite et un livre de la main gauche.

(Archives départementales de la Charente, abbaye de Grosbost. — Mallat, p. 13).

---

(1) Plus probablement un flambeau allumé.
(2) Abbaye de l'ordre de Citeaux, fondé en 1150 par un La Rochefoucauld, seigneur de Marthon; aujourd'hui commune de Charras, canton de Montbron, arrondissement d'Angoulême.

N° **397**   GROSBOST (PIERRE [1], ABBÉ DE).

1314.

Ogival, 46ᵐᵐ. — Vente de bois (1314).

Légende. —SIGILLVM ABBATIS ..... BOSCHO

(Sigillum, abbatis [de] Grossoboscho).

Dessin. — Type abbatial.

Contre-Sceau

Légende indistincte.

Dessin. — Un bras tenant une crosse adextrée d'un croissant et sénestrée d'une étoile.

(Archives nationales, *Inventaire Douët d'Arcq*, n° 8749).

N° **398**   GROSBOST (PIERRE DE ROSIER [2], ABBÉ DE).

1488.

Ogival, 62ᵐᵐ sur 38. — Acte d'arrentement d'une maison située près du grand portail de l'abbaye (1ᵉʳ mars 1488).

Légende. — S. DNI. PETRI. DE ROSERIO. ABATIS. DE GROSSO. BOSCO.

(Sigillum domini Petri de Roserio, abbatis de Grosso-Bosco).

Dessin. —Sous un dais d'architecture gothique, la Vierge couronnée, assise, tenant l'Enfant Jésus debout sur ses genoux, du côté droit ; la Vierge incline la tête de manière à mieux voir l'Enfant ; à dextre, l'abbé, agenouillé et tenant la crosse de la main droite. Au-dessous du trône sur lequel la Vierge est assise, un écu, à trois roses, 2 et 1, accompagnés d'une étoile placée entre les deux roses du chef ; l'écu est posé sur une crosse. Champ réticulé semé de petits annelets [3].

(Archives départementales de la Charente, abbaye de Grosbost. — Mallat, p. 18).

---

(1) Mentionné en 1310, en 1338.

(2) Non mentionné dans le *Gallia christiana*.

(3) M. Mallat *(loc. cit.)* a justement qualifié ce sceau de magnifique : il n'est pas moins remarquable par la composition du sujet que par la perfection des détails.

N° **399**   LA COURONNE [1] (LE BIENHEUREUX LAMBERT,

ABBÉ DE) [2].

1138.

Ogival (1138).

Légende. — ABBATIS DE CORONA.

Dessin. — Le Bienheureux, la tête rasée, revêtu de la chape, tenant de la main droite un bâton terminé par une croix et de la gauche un livre ; à sénestre, une étoile à six rais.

(Archives départementales de la Charente, fonds de La Couronne. — Mallat, p. 12) [3].

N° **400**   LA COURONNE (ABBAYE DE).

XIIIe SIÈCLE.

Ogival, 46^{mm} sur 38.

Légende. — ... TVLI BEA... .ARIE. DE. CORO.....

([Sigillum] capituli Beate-Marie de Coronâ).

Dessin. — La Vierge assise, tenant l'Enfant Jésus sur le bras gauche, les pieds posés sur un arc en-ciel sous lequel est une fleur de lys.

Contre-Sceau.

Rond, 20^{mm}.

Légende. — DEVS ET HOMO.

Dessin. — Une tête de Christ ornée d'un nimbe crucigère.

(Archives départementales de la Charente, fonds de La Couronne).

---

(1) Abbaye royale de Notre-Dame-de-La-Couronne (ordre de Saint-Augustin), paroisse de Saint-Jean-de-la-Palud ; aujourd'hui commune de La Couronne, premier canton et arrondissement d'Angoulême.

(2) Fondateur de l'abbaye en 1128.

(3) Ce sceau a été publié par M. Castaigne en tête de la *Chronique* de l'abbaye, imprimée d'après un manuscrit des Archives départementales de la Charente.

N° **401** LA COURONNE (GUILLAUME SINGULIER[1], ABBÉ DE).

1243.

Ogival, 45ᵐᵐ. — Vidimus d'un traité entre le roi et le comte de Poitiers, son frère, d'une part, et le comte de La Marche, d'autre part (*Actum in castris, in præria juxtâ Poncium*) (mai 1243).

Légende. — ....I ABBATIS DE CORON...

([Sigillum] Guillelmi, abbatis de Coronâ).

Dessin. — Type abbatial ; à sénestre, une étoile.

Contre-Sceau.

Légende. — † SECRETVM WILLMI ABBIS

(Secretum Willelmi, abbatis).

Dessin. — Un *Agnus Dei*.

(Archives nationales, *Inventaire Douët d'Arcq*, n° 8687).

N° **402**   LA COURONNE (CHAPITRE DE).

1339.

Ogival.

Légende. — ... CAPITVLI . BEATE . MARIE DE COR....

([Sigillum] capituli Beate-Marie de Coronâ).

Dessin. — La Vierge assise, tenant l'Enfant Jésus sur ses genoux ; les pieds de la Vierge reposent sur un cintre ou arc perlé formant, avec la partie inférieure du cadre, un socle sur lequel se détache une fleur de lys ; des étoiles sont semées sur le champ.

Contre-Sceau.

Rond.

Légende. — † DEVS ET HOMO.

Dessin. — Une croix pattée sur le centre de laquelle est posée une tête d'homme.

(Archives départementales de la Charente. — Mallat, p. 16).

---

(1) Mentionné en 1242 ; mort en 1254.

Nº **403**   LA COURONNE (PIERRE ACHARD[1], ABBÉ DE).

1472.

Ogival (fragment).

Légende détruite.

Dessin. — Un écu droit au lion issant accompagné de trois croissants, deux en chef et un en pointe, au chef chargé de deux palmes affrontées ; une petite couronne à trois fleurons à dextre et à sénestre de la partie supérieure de l'écu.

(Archives départementales de la Charente, abbaye de La Couronne. — Mallat, p. 17).

Nº **404**   LA COURONNE   (RAYMOND ACHARD[2],

ABBÉ DE).

1480-1509.

Ogival, environ 45^{mm} sur 28 (?). — 1º Acte capitulaire portant procuration à frère Jacques Ouvrat, à l'effet de rendre tous hommages, payer tous dénombrements, etc. (14 août 1480) ; 2º Acte portant don par Mathurin Robert à Guillaume Coupeau, du moulin d'Ecumier sur le Né (6 novembre 1483); 3º Aveu rendu par l'abbé à Antoine d'Estaing, évêque d'Angoulême, pour le fief de Roullet (1509).

Légende. — ..... DE CORONA.

Dessin. — Dans un caisson formé par le soubassement d'un dais gothique, un écu à un lion issant.

(Archives départementales de la Charente, fonds de La Couronne).

----

(1) Mentionné en 1466 ; mort en 1495.
(2) Mort en 1511.

N° 405　LA COURONNE (FRANÇOIS SEGUINAUD,

PRIEUR DE).

1535.

Rond, 16ᵐᵐ. — Acte signé et scellé par François Seguinaud, vicaire-général, pour Annet de Plas, évêque de Bazas et abbé commendataire de La Couronne (21 juin 1535).

Sans légende.

Dessin. — Ecu à une colombe passante soutenue d'un croissant. Champ orné de rinceaux.

Archives départementales de la Charente, abbaye de La Couronne. — Mallat, p. 18).

N° 406　LA COURONNE (ABBAYE DE).

XVIᵉ SIÈCLE.

Ovale.

Légende. — † SIGILLVM CAPITVLI BEATÆ MARIÆ DE CORONA.

Dessin. — La Vierge debout, tenant l'Enfant Jésus sur le bras gauche, et le sceptre de la main droite ; un écusson ovale portant une fleur de lys est à ses pieds ; la Vierge est cantonnée de quatre étoiles.

(Matrice appartenant à M. Constantin, de Roullet, Charente).

N° **407**   NANTEUIL EN-VALLÉE [1] (HUGUES,

ABBÉ DE).

1303.

Ogival, 48ᵐᵐ. — Acte d'adhésion au procès de Boniface VIII (1303).

Légende. — † S. HVGON. D' SCO. M.... ATHOL

(Sigillum Hugonis de Sancto-M..., [abbatis de] Nantholio).

Dessin. — Type abbatial accompagné à dextre d'une fleur de lys, à sénestre d'une fleur de lys entre un soleil et un croissant.

(Archives nationales. *Inventaire Douët d'Arcq*, n° 8884).

N° **408**   NANTEUIL-EN-VALLÉE (ABBAYE DE).

1501.

Rond, 43ᵐᵐ. — Charte du 7 juillet 1501.

Légende. — † S COVENTVS MONASTERII DE NATOLIO B M

(Sigillum conventûs monasterii de Nantolio, Beate-Marie).

Dessin. — Un personnage de face, nimbé, tenant une crosse et un livre, vu à mi-corps sur une voûte à trois arcs, dans lesquels sont trois têtes de face.

(Archives nationales. *Inventaire Douët d'Arcq*, n° 8312).

---

(1) C'est par un *lapsus* évident que l'*Inventaire Douët d'Arcq*, dans son article relatif au sceau ci-dessus, place l'abbaye de Nanteuil-en-Vallée dans le diocèse de Chartres ; elle dépendait du diocèse de Saintes, ainsi que le dit l'*Inventaire* lui-même dans un autre article relatif au sceau qui va être décrit sous le numéro suivant. Cette abbaye, de l'ordre de Saint-Benoît, fut fondée au IXᵉ siècle par Charlemagne, ou, d'après la Chronique de Maillezais, en 1046 par un seigneur de Ruffec (Michon, p. 98 et 307). Elle est située aujourd'hui sur le territoire de la commune du même nom, canton et arrondissement de Ruffec.

N° **409**   SAINT-AMAND-DE-BOIXE [1] (HÉLIE, ABBÉ DE).

1274-1280.

Ogival, 48ᵐᵐ sur 36.

Légende. — SIGILLVM. CONVENTVS. S. AMANTII DE BOIXIA

(Sigillum conventûs Sancti-Amantii de Boixiâ).

Dessin. — Un abbé mitré et crossé, tenant un livre de la main gauche, qui est repliée sur la poitrine. Rinceaux dans le champ.

Contre-Sceau.

Rond, 18ᵐᵐ.

Légende. — CONTRA. SIGILLVM.

Dessin. — Une tête de religieux, rasée, regardant à dextre.

(Archives départementales de la Charente, évêché d'Angoulême, Vars. — Mallat, p. 13. — Lièvre, *Exploration archéologique du département de la Charente, canton de Saint-Amand-de-Boixe*).

---

[1] Abbaye de l'ordre de Saint-Benoît, fondée en 988 par Arnaud comte d Angoulême, aujourd'hui chef-lieu de canton, arrondissement d'Angoulême.

ADDITIONS & CORRECTIONS

ADDITIONS ET CORRECTIONS

N° **23** — Charles d'Orléans, comte d'Angoulême.

Un examen attentif du sceau de Charles d'Orléans permet de constater une particularité curieuse : l'écu est supporté à dextre (et il existait probablement un support analogue du côté sénestre, aujourd'hui détruit) un animal qui, par la forme générale du corps, rappelle la salamandre. Ce n'est pas qu'on doive y chercher une représentation exacte de la nature ; on pourrait au contraire signaler d'assez notables différences (écailles très apparentes, oreilles saillantes, deux pattes seulement) ; mais il est difficile d'en rien conclure. Les graveurs des anciens sceaux ont, en général, reproduit avec une remarquable fidélité les animaux qui leur fournissaient un sujet d'ornementation ; quelquefois aussi ils en ont modifié les formes, au gré d'une fantaisie artistique, souvent ingénieuse. Quoi qu'il en soit, on sait que la salamandre fut l'emblème caractéristique du règne de François Ier, fils de Charles d'Orléans, et peut-être l'animal qui supporte l'écu du père a-t-il été l'origine et, pour ainsi dire, la première apparition du type héraldique adopté par le fils. A ce point de vue, le sceau de Charles d'Orléans mérite d'être signalé aux archéologues.

N° **67** — Chabanais (Jean de), écuyer.

Nous avons déjà décrit, sous le numéro 291, un sceau qui nous paraît devoir être rapporté au même personnage, bien qu'on l'ait inscrit, dans la collection de Bastard d'Estang, comme appartenant à Jean de *Chabanes*. Nous en avons découvert un troisième dans l'*Inventaire Clairambault*, où il figure sous le nom de Jean de *Chabannes*. L'attribution ne fait aucun doute : le sceau, en effet, ne porte pas le lion des *Chabannes*, mais bien les deux lions passant l'un sur l'autre des *Chabanais* ; sauf les supports, il est identique à celui que l'*Inventaire Clairambault* décrit sous le nom de Jean de Chabanais et qui est notre numéro 67. Il sera aisé d'en juger au moyen de la description qui suit :

Rond, 32{mm}. — Quittance d'une somme allouée à Jean de Chabannes (lire Chabanais), écuyer d'écurie du roi, par les Etats de Poitou (8 juillet 1438).

Légende détruite.

Dessin. — Ecu à deux lions couronnés passant l'un sur l'autre, penché, timbré d'un heaume cimé d'un lion couronné issant, supporté par deux hommes sauvages.

(*Clairambault*, n° 2018).

N° **68** — Chabot (Charles de).

Substituer Chabot (Charles) et ajouter que les armes sont d'or, à trois chabots de gueules.

N° **72** — Yolande de Dreux, épouse de Hugues XI, comte d'Angoulême.

Au sceau que nous avons décrit sous ce numéro, nous ajoutons la description d'un autre qui avait échappé à nos recherches, l'*Inventaire Douët d'Arcq* l'ayant classé parmi les sceaux des ducs de Bretagne, tandis qu'il avait rangé le premier dans la série relative aux comtes de La Marche et d'Angoulême :

Ogival, 72^{mm}. — Charte de *Hyolendis de Britanniâ*, en faveur de l'abbaye de Saint-Victor (juin 1259).

Légende — † S'. HYOLENDIS. FILIE. P. COMITIS. BRITANNIE

(Sigillum Hyolendis, filie Petri, comitis Britannie).

Dessin. — Dame debout en manteau vairé et tenant un oiseau au poing.

Contre-Sceau.

Légende. — † SECRETVM MEVM.

Dessin. — Ecu parti : au 1, échiqueté (d'or et d'azur, qui est de Dreux), au franc-quartier d'hermines (Bretagne) ; au 2, de Lusignan.

(Archives nationales. *Inventaire Douët d'Arcq*, n° 535).

N° **92** — Jambes (Jeanne de).

Jeanne de Jambes était fille de Jean II de Jambes, seigneur de Montsoreau ; elle épousa, le 17 juin 1493, Jean de Polignac, seigneur de Beaumont, fils de Guillaume-Armand de Polignac, vicomte de Polignac, seigneur de Chalancon, et d'Amée de Saluces ; elle devint veuve vers 1500, et c'est probablement à titre de douaire qu'elle eut la seigneurie du Luguet en Auvergne.

Le premier parti du sceau doit être ainsi expliqué : coupé : au 1, fascé d'argent et de gueules de six pièces (Polignac) ; au 2, écartelé d'or et de gueules, à la bordure de sable chargée de fleurs de lys d'or (Chalancon).

Ce sceau a fait l'objet d'une notice intéressante publiée par M. Chassaing dans le tome XXXI des *Annales de la Société académique du Puy*.

N° **109**. — La Rochefoucauld (Dauphine de la Tour, épouse d'Aimery II de).

Baluze a donné, dans son *Histoire de la Maison d'Auvergne* (t. II, p. 522), un dessin de ce sceau.

Il a publié également, dans le même ouvrage, un sceau d'Aimery II de La Rochefoucauld. En voici la description :

Rond, 28^{mm}. — Quittance par Aimery de La Roche, damoiseau, seigneur de Monteil, donnée à Béatrix d'Oliergues, dame de La Tour, pour la dot de Dauphine de La Tour, fille de Béatrix d'Oliergues et épouse d'Aimery (mardi dans l'octave de la Noël 1291).

Légende. — S. EMERICI DE RUPE DOM

(Sigillum Emerici de Rupe, domicelli).

Dessin. — Ecu burelé à trois chevrons, le premier écimé.

(Baluze, *Histoire de la Maison d'Auvergne*, t. II, p. 520).

N° **224**. — Valence (Aymard ou Adhémard de).

Aymard de Valence, comte de Pembroke, seigneur de Montignac, Rancon, Bellac et Champagnac, en Angoumois, Limousin et Marche, seigneur de Westford en Angleterre, avait épousé en premières noces Béatrix (ou Jeanne) de Clermont, fille de Raoul de Clermont, seigneur de Nesle, connétable de France, et d'Alix de Dreux ; et en secondes noces Marie de Châtillon, fille de Guy de Châtillon, comte de Saint-Pol, et de Marie de Bretagne. Le fonds latin de la Bibliothèque nationale (t. 17118, f° 361) contient un croquis informe d'un sceau de Marie de Châtillon. Ce sceau est rond ; deux écussons y sont figurés ; celui de dextre, sur lequel les indications du croquis sont absolument insuffisantes, était très probablement aux armes de Lusignan-Valence ; celui de sénestre représente deux pals vairés surmontés d'un lambel, ce qui correspond aux armes de Châtillon, qui sont de gueules, à trois pals de vair, au chef d'or. Nous avons vainement recherché, dans les dossiers *Lusignan* et *Châtillon* du Cabinet des titres, ce sceau, dont il eût été intéressant de retrouver un exemplaire original ou tout au moins une copie d'une exécution satisfaisante.

APPENDICES.

APPENDICE N° I

SUR UN SCEAU DE PHILIPPE IV, ROI DE FRANCE.

« Philippe le Bel, devenu maître de l'Angoumois, fit faire un sceau dont l'écu, parti de France... et de Lesignan, trahit l'empressement du roi à légitimer sa nouvelle usurpation. » (Michon, p. 79).

Ce sceau n'a pas été inséré dans l'*Inventaire Douët d'Arcq;* mais M. l'abbé Michon, qui en a avec raison fait ressortir l'intérêt, en donne la description dans son ouvrage. Nous avons cru devoir la reproduire dans un appendice spécial, Philippe le Bel n'ayant pas pris le titre de comte d'Angoulême, et ayant simplement réuni le comté à la couronne.

Il est regrettable d'ailleurs, que M. l'abbé Michon n'ait pas indiqué d'une manière plus précise l'objet de la charte dont il s'agit et la cote qu'elle porte aux Archives. Ce fait, qu'un roi de France ait ajouté à ses armes celles d'un grand fief, n'est pas sans exemple ; et c'est ainsi que dans la collection des Archives on trouve des sceaux royaux avec adjonction des armes du Dauphiné ou du duché de Milan ; toutefois, c'est un fait exceptionnel, qui devrait être établi par des preuves positives. M. l'abbé Michon a publié, il est vrai, un dessin du sceau; mais les notions qui accompagnent ce dessin ne sont pas suffisantes pour permettre une vérification, ce qui eût été d'autant plus désirable que l'Inventaire officiel, ainsi que nous l'avons dit plus haut, ne mentionne pas le sceau dont il s'agit.

PHILIPPE IV [1],

ROI DE FRANCE.

1309.

Rond, 45ᵐᵐ environ. — Charte de 1309.

Légende. — ... AD CONTRA .... (?).

(.... ad contractus).

Dessin. — Ecu droit parti de France ancien (semé de fleurs de lys) et de Lusignan [2], embrassé de chaque côté de deux rameaux partant d'une étoile.

Contre-Sceau.

Rond, 25ᵐᵐ environ.

Légende. — CONTRA SIGILLV.

(Contrasigillum).

Dessin. — Ecu droit à trois fleurs de lys, sommé d'un croissant.

(Archives nationales. — Michon, p. 79 et pl. VI, nᵒˢ 24 et 25).

---

[1] Né en 1268 ; fils de Philippe III le Hardi, roi de France, et d'Isabelle d'Aragon ; marié en 1284 à Jeanne de Navarre, fille d'Henri Iᵉʳ, roi de Navarre, comte de Champagne, et de Blanche d'Artois ; roi de France en 1285 ; mort en 1314.

[2] Burelé (d'argent et d'azur).

APPENDICE N° II.

SUR DES SCEAUX DES DUCS D'ANGOULÊME

POSTÉRIEURS AU XVIᵉ SIÈCLE.

Afin de compléter autant que possible l'importante série des grands feudataires ou des princes qui ont possédé le comté ou duché d'Angoulême., soit à titre de fief, soit à titre d'apanage, nous donnons les sceaux ci-après, bien qu'ils soient postérieurs au XVIᵉ siècle.

LOUIS-EMMANUEL DE VALOIS [1],

DUC D'ANGOULÊME.

1643-1645.

Rond, 13ᵐᵐ. — Lettres à M. de Scudéry (Aix, 22 décembre 1643; Marseille, 8 août 1644; 21 mai 1645).

Sans légende.

Dessin. — Ecu à trois fleurs de lys, au bâton péri en bande; sommé d'une couronne à trois feuilles d'ache et entouré des colliers des ordres.

(Bibliothèque nationale, Mss. Fonds français, t. 12769).

---

(1) Né en 1596; fils de Charles, bâtard de Valois, duc d'Angoulême, comte d'Auvergne et de Clermont, etc., et de Charlotte de Montmorency; marié à Henriette de la Guiche, veuve de Jacques de Matignon, fille de Philibert de la Guiche et d'Antoinette de Daillon; mort le 13 novembre 1653.

MARIE-FRANÇOISE DE VALOIS[1],

DUCHESSE D'ANGOULÊME.

1662.

Ovale, 15mm. — Lettre de la duchesse au comte de Braine (La Charité, 9 février 1662).

Sans légende.

Dessin. — Ecu parti : au 1, à trois fleurs de lys, au bâton péri en bande ; au 2, au chevron accompagné de trois hermines ?, couronné et entouré d'une cordelière.

(Archives nationales. *Inventaire Douët d'Arcq*, n° 858).

CHARLES-PHILIPPE DE FRANCE[2],

COMTE D'ARTOIS, DUC D'ANGOULÊME.

1775.

Rond, 55mm. — Lettres par lesquelles Charles-Philippe, fils de France, frère du roi, comte d'Artois, duc et comte d'Auvergne, duc de Mercœur et d'Angoulême, comte et vicomte de Limoges, marquis de Pompadour, vicomte de Turenne, notifie aux présidents trésoriers généraux de France au bureau des finances de Limoges un acte d'hommage rendu pour le fief de Mercœur en Limousin (Versailles, 4 avril 1775).

Sans légende.

Dessin. — Sur un cartouche embrassé de branches d'olivier, écu ovale aux armes de France, sommé de la couronne royale et entouré des colliers de Saint-Michel et du Saint-Esprit, sur le manteau royal.

(Archives de M. le baron de Costa, à Beaulieu (Corrèze). — Ph. de Bosredon et Ernest Rupin, *Sigillographie du Bas-Limousin*, n° 63).

---

(1) Née en 1631 ; fille de Louis-Emmanuel de Valois, duc d'Angoulême, et d'Henriette de La Guiche ; mariée en 1649 à Louis de Lorraine, duc de Joyeuse, fils de Charles de Lorraine, duc de Guise, et d'Henriette-Catherine duchesse de Joyeuse. L'*Inventaire Douët d'Arcq* porte cette seule mention : *Françoise, duchesse d'Angoulême* ; mais il ne saurait y avoir confusion.

(2) Né le 9 octobre 1757 ; fils de Louis, dauphin de France, et de Marie-Josèphe duchesse de Saxe ; marié le 16 novembre 1773 à Marie-Thérèse de Savoie, fille de Victor-Amédée III, duc de Savoie, roi de Sardaigne, et de Marie-Antoinette-Ferdinande de Bourbon, infante d'Espagne ; roi de France le 16 octobre 1824 sous le nom de Charles X ; abdique le 2 août 1830 ; mort le 6 novembre 1836.

LOUIS-ANTOINE D'ARTOIS [1],

DUC D'ANGOULÊME.

1799.

Ovale, 28^{mm} sur 23. — Lettre par laquelle il annonce son mariage au comte d'Hautefort (Mittau, 28 décembre 1798-9 janvier 1799) [2].

Sans légende.

Dessin. — Ecu ovale aux armes de France, à la bordure engrêlée de gueules. Couronne royale. Collier des ordres de Saint-Michel et du Saint-Esprit.

(Bibliothèque nationale, Mss. Périgord, t. 102, f. 671).

---

(1) Né le 6 août 1775 ; fils de Charles-Philippe de France, comte d'Artois (depuis roi sous le nom de Charles X), et de Marie-Antoinette Thérèse de Savoie ; marié le 10 juin 1799 à Marie-Thérèse-Charlotte de France, fille de Louis XVI, roi de France et de Navarre, et de Marie-Josèphe-Antoinette-Jeanne de Lorraine, archiduchesse d'Autriche ; mort le 3 juin 1844.

APPENDICE N° III

SUR DIVERS SCEAUX DU XIV⁎ SIÈCLE APPENDUS A DES ACTES
SE RAPPORTANT AUX GUERRES D'ANGOUMOIS.

Nous avons relevé dans l'*Inventaire de la collection Clairambault* les sceaux des chevaliers et écuyers qui prirent part, durant le xiv⁎ siècle, aux guerres d'Angoumois. Les actes auxquels ils sont appendus se rattachent plus ou moins directement à cette province. Ce serait sans doute en exagérer l'importance que de les considérer comme des documents historiques à proprement parler ; mais bien qu'ils soient d'ordre secondaire, ils peuvent fournir des particularités intéressantes sur les évènements militaires dont l'Angoumois fut le théâtre à l'époque dont il s'agit. C'est pour ce motif que nous donnons en appendice les sceaux ci-après [1], comme accessoire de notre recueil.

Age (Guillaume de L'), écuyer. — 11 décembre 1376. — Rond, 25ᵐᵐ. — *Légende* : S GVI... DE LAYGE — *Dessin* : Ecu au chevron, penché, timbré d'un heaume cimé d'une tête de damoiselle, supporté par une damoiselle et un homme sauvage.

Aigret (Guillaume d'), écuyer. — 30 septembre 1375. — *Légende* : ....VILL .. OGREET (?) — *Dessin* : Ecu à la croix fleuronnée.

Arban (Jacquemin d'), écuyer. — 30 juillet 1354. — Rond, 17ᵐᵐ. — Légende détruite. — *Dessin* : Ecu au chevron accompagné de trois étoiles.

Bar (Thibaud de), chevalier banneret, sire de Pierrepont. — 14 juin 1351. — Rond, 28ᵐᵐ. — *Légende* : S ....RE : DE : P.... — *Dessin* : Ecu semé de croisettes recroisetées au pied fiché, à deux bars adossés et au lambel (d'azur, semé de croisettes recroisetées au pied fiché d'or, à deux bars du même, qui est des ducs de Bar) ; penché, timbré d'un heaume à volet de face cimé d'un arbre entre deux cornes, sur champ fretté.

Bardençon (Happart de), écuyer. — 6 août 1375. — Rond, 23ᵐᵐ. — *Légende* : HA... DE BARB... — *Dessin* : Ecu portant trois lions couronnés, accompagnés d'une étoile en abîme.

Bauçay (Hugues sire de), chevalier banneret. — 13 novembre 1345. — Rond, 24ᵐᵐ. — *Légende* : ... EVALIER — *Dessin* : Ecu à la croix ancrée, penché, timbré d'un heaume à volet, dans un trilobe.

Baveux (Robert Le), chevalier. — 10 janvier 1376, n. st. — Rond, 22ᵐᵐ. — *Légende* : .. obert . le . bav.. — *Dessin* : Ecu portant trois chevrons accompagnés d'un écusson fruste au canton dextre ; penché, timbré d'un heaume cimé d'une roue, sur champ de rameaux fleuris.

Beauvilliers (Adenet de), écuyer. — Garde de la ville et du château d'Angoulême (6 juin 1376). — Rond, 21ᵐᵐ. — *Légende* : ... ADAM. ...BE ..... — *Dessin* : Ecu fascé de six pièces et chargé de sept annelets, 3, 3 et 1, au bâton en bande brochant ; penché, timbré d'un heaume cimé d'un col de cygne dans un vol, sur champ réticulé.

Bérenger (Guillaume), écuyer. — 30 août 1380. — Rond, 18ᵐᵐ. — *Légende* : G....LLE.... ...ENG... — *Dessin* : Ecu à l'épée en bande, la pointe en bas, au franc-canton sénestre chargé de trois pattes de....

Blanchart (Briant), écuyer. — 30 août 1379. — Rond, 22ᵐᵐ. — *Légende* : S' B...NT BLAN- CHART — *Dessin* : Ecu portant cinq losanges, 2, 2, 1, accompagnés d'une croisette en chef et d'une fleur de lys en abime ; penché, timbré d'un heaume cimé de deux cornes, sur champ de rin- ceaux.

Blé (Humbert de), écuyer. — 21 mars 1347, n. st. — Rond, 18ᵐᵐ. — .... DE .LEE. — *Dessin* : Ecu à la bande accompagnée de neuf besants ou tourteaux, 4 en chef et 5 en pointe.

Bonnay (Robert de), chevalier. — 15 novembre 1379. — Rond, 25ᵐᵐ. — *Légende* ....EEL ROBER. DE BONNAI — *Dessin* : Ecu au chef, au lion sur le tout portant sur l'épaule un écusson où l'on dis- tingue une bande, accompagné de ... (d'azur, au chef d'or, au lion de gueules couronné du même, brochant sur le tout) ; penché, timbré d'un heaume cimé d'une tête de héron, supporté par deux lions.

Bonpar (Huguenot), écuyer. — Angoulême, 10 juin 1354. — Rond, 20ᵐᵐ. — *Légende* : S HVG... — *Dessin* : Ecu portant trois fermaux, au lambel.

Bonvilliers (Pierre de), chevalier. — Garde de la ville d'Angoulême (31 mars 1356, n. st.). — Rond, 22ᵐᵐ. — *Légende* : S PIERR. DE BO..... CHLR — *Dessin* : Ecu billeté à deux poissons adossés, penché, timbré d'un heaume cimé d'une tête de vieillard, sur champ réticulé.

Bouteiller (Guillaume Le) [1], écuyer. — 13 mars 1370, n. st. — Rond, 20ᵐᵐ. — *Légende* : S GVILLE LE BOVTEL... D... ENLIS — *Dessin* : Ecu portant un écartelé plain (d'or et de gueules), à la bordure, penché, timbré d'un heaume cimé d'une tête d'homme barbu, supporté par deux lions.

Bréauté (Roger sire de), chevalier. — Cognac, 20 juillet 1354 ? — Rond, 12ᵐᵐ. — *Légende* : ....ER DE BREA... — *Dessin* : Ecu à la quintefeuille (d'argent, à la quintefeuille de gueules), dans une rose gothique.

Brosse (Jacques de La), chevalier. — Garde du château et de la ville de Cognac (12 août 1376). — Rond, 20ᵐᵐ. — Légende détruite. — *Dessin* : Ecu portant trois tours, penché, timbré d'un heaume couronné et cimé d'un château (?), supporté par deux lévriers.

Bueil (Pierre de), chevalier. — Journée de Cognac, service de guerre (27 mai 1375). — Rond, 24ᵐᵐ. — *Légende* : † S P... BVEIL. — *Dessin* : Ecu écartelé : aux 1 et 4, à une croix ancrée ; aux

---

[1] Le même qui fut sénéchal d'Angoumois. Voir le n° 285.

2 et 3 (d'azur), à quatre croix recroisetées [1] au pied fiché (d'or), au croissant (d'argent) en abime ;
le tout à la bordure ; penché, suspendu à un arbre.

CHABANNES (Jean de), chevalier. — Angoulême, 30 juin 1354. — Rond, 40ᵐᵐ. — *Légende :* IEH...
DE... BANES — *Dessin :* Ecu portant cinq fasces, au lion brochant.

CHABOT (Louis), chevalier. — Angoulême, 20 juin 1351. — Rond, 20ᵐᵐ. — *Légende .* S' G....
— *Dessin :* Ecu à l'écusson en abime accompagné de trois chabots (ordinairement d'or, à trois chabots de gueules).

CHALUS (Robert de), chevalier. — 4 mai 1380. — Rond, 23ᵐᵐ.— *Légende :* ꙅ roɓert ɗe cȝalus
— *Dessin :* Ecu à la croix engrêlée (d'or, à la croix engrêlée d'azur), penché, timbré d'un heaume
cimé d'une tête de chien, supporté par deux chiens.

CHAT (Jean Le), écuyer.— 29 octobre 1376. — Rond, 22ᵐᵐ. — *Légende :* S IEHAN LE CHAT —
Dessin : Ecu (d'azur) à trois têtes de chat (d'or), penché, timbré d'un heaume cimé d'une tête de
chat, supporté par deux lions.

COQ (Hervé Le) — 15 juillet 1376. — Rond, 22ᵐᵐ. — *Légende :* ...ERV.. COICH.. — *Dessin :*
Ecu à deux fasces.

CORNILLAU (Jean), écuyer. — 18 juin 1379. — Rond, 22ᵐᵐ. — *Légende :* S IEHAN CORNILLAV
— *Dessin :* Ecu chevronné de six pièces sous un chef chargé d'une corneille et d'un croissant, le
croissant au canton dextre ; penché, timbré d'un heaume cimé d'une tête de More, supporté par
deux lions.

DREUX (Robert de), chevalier, sire de Baigneaux. — 5 mars 1346, n. st. — Rond, 23ᵐᵐ. — Légende détruite. — *Dessin :* Ecu échiqueté (d'or et d'azur), à une bordure (de gueules) engrêlée et
chargée d'une croisette en chef, timbré de l'initiale R, dans un encadrement gothique.

ESPAGNE (Louis d'), chevalier. — Angoulême, 23 juin 1351. — Rond, 24ᵐᵐ. — Ecu parti : au
1, semé de fleurs-de-lys (d'azur, semé de fleurs-de-lys d'or, qui est de France) ; au 2, un château
(de gueules, au château sommé de trois tours d'or, qui est de Castille), coupé d'un lion (d'argent ,
au lion couronné de gueules, qui est de Léon) ; penché, timbré d'un heaume cimé d'un lion assis,
supporté par deux griffons. Dans le champ, devant le cimier, la lettre L.

ESTUER (Thomas d'), écuyer. — Défense du château et de la ville de Barbezieux (10 janvier 1376,
n. st.). — Rond, 26ᵐᵐ. — Légende détruite. — *Dessin :* Ecu au sautoir (d'argent, au sautoir de
gueules), penché, timbré d'un heaume cimé d'une tête de femme, supporté par deux lions.

FERRON (Alain), écuyer. — 14 janvier 1377, n. st. — Rond, 22ᵐᵐ. — Légende détruite. — *Dessin :* Ecu billeté à la bande chargée de....., penché, timbré d'un heaume cimé de....., supporté par
une dame et un homme sauvage.

FERRON (Jean), écuyer. — 14 janvier 1377, n. st. — Rond, 22ᵐᵐ. — *Légende :* IOHAN FERRON
— *Dessin :* Ecu (d'azur). à six billettes (d'argent), sous un chef (de gueules) chargé de trois annelets (d'or) ; penché, timbré d'un heaume cimé d'un annelet, supporté par deux lions.

---

[1] D'ordinaire il y en a six.

Fragnes (Joan de), dit le Bâtard, écuyer. — 28 janvier 1401, n. st. — Rond, 24^{mm}. — *Légende :* S LE BATAR DE FRAGNE — *Dessin :* Ecu à la croix ancrée, au bâton en bande brochant, penché, timbré d'un heaume couronné et cimé d'une tête de cheval, supporté par deux chiens.

Frasnay (Pierre de), écuyer. — 15 mai 1379. — Rond, 22^{mm}. — *Légende :* ....E DE .RASNAY — *Dessin :* Ecu palé de six pièces, la seconde pièce chargée d'un croissant.

Gales (Yvain de), écuyer. — 12 août 1376. — Rond, 29^{mm}. — *Légende :* + SEE..... — *Dessin :* Ecu écartelé : aux 1, 2, 3 et 4, un lion ; penché, timbré d'un heaume cimé de deux cornes. Dans le champ, deux rameaux fleuris.

Gardera (Renaud), chevalier. — 14 janvier 1377, n. st. — Rond, 25^{mm}. — *Légende :* SEE. ....ERA — *Dessin :* Ecu portant trois coquilles à la bordure engrêlée, penché, timbré d'un heaume couronné et cimé d'un col de cygne dans un vol, supporté par un lion et un griffon.

Garnier (Aimery), écuyer. — 6 août 1375. — Rond, 20^{mm}. — *Légende :* S' A.... GARNIER — *Dessin :* Ecu portant un lion passant, au lambel, accompagné de trois palmes.

Garnier (Aimery), écuyer. — 29 octobre 1376. — Rond, 20^{mm}. — *Légende :* EME.. GA.NER — *Dessin :* Ecu portant un lion passant, au lambel.

Giraut (Guillaume), écuyer armé à pied. — Angoulême, 21 janvier 1357, n. st. — Rond, 17^{mm}. — *Légende :* + S SECRESTI MEI — *Dessin :* Ecu à la croix, dans une rose gothique.

Hélies (Guillaume), écuyer. — Défense de la ville et du château de Cognac (26 juin 1376). — Rond, 20^{mm}. — *Légende :* S'. GVILL'E HELIES — *Dessin :* Ecu portant cinq fusées en fasce coupées en chef et en pointe par une jumelle, à la bordure engrêlée, dans un double trilobe.

Houssaye (Guillaume de La), écuyer. — 14 janvier 1377, n. st. — Rond, 21^{mm}. — *Légende :* S G DE LA HOVSS.... — *Dessin :* Ecu échiqueté (d'argent et d'azur), chargé d'une étoile en chef et à dextre.

Lastours (Seguin), chevalier. — 3 février 1350, n. st. — Rond, 18^{mm}. — *Légende :* ... EGVI.... — *Dessin :* Ecu portant trois tours.

Lestre (Mahiet de), écuyer. — 12 août 1376. — Rond, 21^{mm}. — *Légende :* S MAH.... — *Dessin :* Ecu portant trois chevrons, au lambel, timbré d'un heaume cimé d'une tête de héron dans un vol, supporté par deux oiseaux.

Louvel (Simon), écuyer. — 12 août 1376. — Rond, 20^{mm}. — *Légende :* + SIMON..... — *Dessin :* Ecu à trois loups passant l'un sur l'autre, entouré de trois rameaux.

Macé (Jean), écuyer. — 14 janvier 1377, n. st. — Rond, 19^{mm}. — *Légende :* + S IEHAN MACE — *Dessin :* Ecu à la fasce accompagnée d'une étoile en chef et de quatre bandes en pointe.

Mas (Aimès du), chevalier. — 10 février 1352, n. st. — Rond, 20^{mm}. — *Légende :* ANT... — *Dessin :* Un lion.

Menou (Jean de), chevalier. — 12 août 1376. — Rond, 24ᵐᵐ. — Légende détruite. — *Dessin :* Ecu à la bande (de gueules, à la bande d'or), penché, timbré d'un heaume cimé d'une tête d'homme barbu, sur champ de trèfles.

Milly (Bourgoing de), écuyer. — 12 août 1376. — Rond. 17ᵐᵐ. — *Légende :* ..OVRGO... — *Dessin :* Ecu à l'émanché de trois pièces mouvant du chef, penché, timbré d'un heaume, cimé d'une tête de loup, sur champ festonné.

Milly (Jean de), bachelier. — Angoulême, 31 mai 1354. — Rond, 20ᵐᵐ. — Légende détruite. — *Dessin :* Ecu au chef chargé d'un lion couronné issant.

Mons (Guillaume de), chevalier. — 14 juillet 1380. — Rond, 20ᵐᵐ. — *Légende :* ... MONS — *Dessin :* Écu palé de six pièces, sous un chef chargé d'un vivré.

Montendre (Alain de), chevalier. — Bouteville, 18 janvier 1352, n. st. — Légende détruite. — *Dessin :* Ecu en palette semé de trèfles au lion brochant (de gueules, semé de tiercefeuilles d'or, au lion du même).

Montmorency (Hugues de), écuyer. — 14 juillet 1376. — Rond, 24ᵐᵐ. — *Légende :* S HVE DE MONMORENCI — *Dessin :* Ecu à la croix cantonnée : au 1, d'un rais ; aux 2, 3 et 4, de douze alérions (d'or, à la croix de gueules cantonnée de douze alérions d'azur).

Noue (Jean sire de La), chevalier. — Angoulême, 30 juin 1354. — Rond, 20ᵐᵐ. — *Légende :* S ... D... VE — *Dessin :* Ecu losangé (d'argent et d'azur), penché, timbré d'un heaume cimé d'une crête aux armes, sur champ réticulé.

Orsonviller (Girard d'), chevalier. — Angoulême, 27 avril 1354. — Rond, 20ᵐᵐ. — *Légende :* .. ... RART DAN... ER...E — *Dessin :* Ecu à la bande losangée.

Paute (Gui), chevalier. — 15 juillet 1380. — Rond, 24ᵐᵐ. — *Légende :* . VI PAVTE CHLR. — *Dessin :* Ecu portant deux serres en fasce l'une sur l'autre, penché, timbré d'un heaume couronné et cimé d'une tête de griffon, sur champ festonné.

Personne (Lancelot La), chevalier. — 24 mai 1376. — Rond, 24ᵐᵐ. — *Légende :* S L...ELOT LA PERSONNE — *Dessin :* Ecu portant trois pattes de lion en pal, au lambel, penché, timbré d'un heaume cimé d'une tête de lion entre deux pattes, supporté par deux lions.

Pot (Robert), chevalier. — 26 mai 1351. — Rond, 18ᵐᵐ. — *Légende :* S ROB... CH... — *Dessin :* Ecu à la fasce accompagnée en chef d'un lion passant, penché, timbré d'un heaume cimé d'une tête humaine (?) entre deux cornes, sur champ réticulé.

Ratel (Simon), chevalier. — 30 juin 1354. — Rond, 21ᵐᵐ. — *Légende :* † SYMON R... CHR' — *Dessin :* Ecu portant trois râteaux sans manche, l'un sur l'autre.

Remeneuil (Guillaume de), chevalier. — 12 décembre 1376. — Rond, 22ᵐᵐ. — Légende détruite. — *Dessin :* Ecu portant trois lions, à la bande brochant, penché, timbré d'un heaume cimé d'une tête de coq. Dans le champ, deux rameaux.

Richebourg (Jean de), chevalier. — Angoulême, 12 juillet 1351. — Rond, 18ᵐᵐ. — *Légende :* IEHAN DE RI.... BO... ESC — *Dessin :* Ecu portant cinq chevrons, dans un quadrilobe.

Rochefort (Guillaume de), écuyer. — 30 juillet 1354. — Rond, 19ᵐᵐ. — Légende détruite. — *Dessin :* Ecu à la bande accompagnée de trois besants ou tourteaux.

Rouvray (Jean de), chevalier. — 23 janvier 1351, n. st. — Rond, 22ᵐᵐ. — Légende détruite. — *Dessin :* Ecu burelé au lion brochant (burelé d'or et d'azur, au lion de gueules), penché, timbré d'un heaume cimé de..., sur champ réticulé.

Saint-Aubin (Jean de). — 12 août 1376. — Rond, 21ᵐᵐ. — *Légende :* † S L... DE S... — *Dessin :* Ecu au sautoir, penché, timbré d'un heaume cimé d'une tête de griffon, sur champ festonné.

Sainte-Sévère (Huguet de). — 4 novembre 1380. — Rond, 23ᵐᵐ. — *Légende :* † SEEL... ...GAS DE SE FAVIRE — *Dessin :* Ecu portant deux fasces.

Savoie (Louis de), chevalier, sire de Vaud. — 13 novembre 1345. — Rond, 28ᵐᵐ. — Légende détruite. — *Dessin :* Ecu portant une croix (de gueules, à la croix d'argent), au bâton en bande brochant, posé sur une aigle, dans un encadrement gothique.

Selebresche (Gui), chevalier. — Angoulême, 19 avril 1354. — Rond, 18ᵐᵐ. — *Légende :* ....ECHE — *Dessin :* Ecu à l'émanché de trois pièces mouvant du flanc dextre.

Sénéchal (Gui), seigneur de Mortemer. — 11 avril 1348, n. st. — Rond, 28ᵐᵐ. — Légende détruite. — *Dessin :* Ecu au chef portant deux pals de vair, penché, timbré d'un heaume, sur champ de rinceaux, dans un trilobe.

Thurey (Thomas de), écuyer. — Garde du château et de la ville de Barbezieux (31 mai 1375). — Rond, 22ᵐᵐ. — Légende ..OVMAS... — *Dessin :* Ecu au sautoir, penché, timbré d'un heaume cimé d'un buste de femme, supporté par deux lions.

Trie (Jean de), chevalier. — 14 janvier 1377, n. st. — Rond, 21ᵐᵐ. — *Légende :* S I DE .RIE — *Dessin :* Ecu (d'or) à la bande (d'azur) chargée de trois annelets (d'argent) et accompagnée d'une molette en chef et à sénestre, surmonté de deux touffes, dans un encadrement gothique.

Vensac (Elie de), chevalier. — Défense de Barbezieux (12 décembre 1376). — Rond, 22ᵐᵐ. — *Légende :* S ELIES ...NZAC — *Dessin :* Ecu à la tierce en bande accompagnée de six trèfles en orle, penché, timbré d'un heaume cimé d'un vol aux armes, supporté par deux lions à tête de magicien.

Villers (Mahiet de), écuyer. — 31 mars 1376, n. st. — Rond, 19ᵐᵐ. — *Légende :* ꙅ mahiet... — *Dessin :* Ecu à la bande accompagnée d'un croissant en chef et à sénestre, penché, timbré d'un heaume cimé d'une tête de chien, sur champ de rinceaux.

TABLES

TABLE ALPHABÉTIQUE[1]

---

(1) Les noms commençant par les articles *Le, la* ou *les*, sont inscrits à la lettre L.

TABLE DES MATIÈRES.

L 38
55

SIGILLOGRAPHIE
DE
L'ANGOUMOIS

BOSREDON
ET
MALLAT